AF275111

CÓMO EMPRENDER SIN TENER NI P*** IDEA

CÓMO EMPRENDER SIN TENER NI P*** IDEA

10 pasos para triunfar y vivir de lo que te gusta

@ac2ality

mr

La lectura abre horizontes, iguala oportunidades y construye una sociedad mejor. La propiedad intelectual es clave en la creación de contenidos culturales porque sostiene el ecosistema de quienes escriben y de nuestras librerías. Al comprar este libro estarás contribuyendo a mantener dicho ecosistema vivo y en crecimiento.

En Grupo Planeta agradecemos que nos ayudes a apoyar así la autonomía creativa de autoras y autores para que puedan continuar desempeñando su labor. Diríjase a CEDRO (Centro Español de Derechos Reprográficos) si necesita fotocopiar o escanear algún fragmento de esta obra. Puede contactar con CEDRO a través de la web www.conlicencia.com o por teléfono en el 91 702 19 70 / 93 272 04 47.

© Ac2ality S. L., 2024

Diseño del interior: María Pitironte
© Recursos de interior: María Pitironte, a partir de los originales de Shutterstock

© Editorial Planeta, S. A., 2024
Ediciones Martínez Roca, sello editorial de Editorial Planeta, S. A.
Diagonal, 662-664, 08034, Barcelona (España)
www.mrediciones.es
www.planetadelibros.com

Primera edición: octubre de 2024
Depósito legal: B. 14.207-2024
ISBN: 978-84-270-5307-6
Preimpresión: Safekat, S. L.
Impresión y encuadernación: Huertas, S. A.
Printed in Spain - Impreso en España

PEFC Certificado

Este libro procede de
bosques gestionados
de forma sostenible

PEFC

PEFC/14-38-00305   www.pefc.es

PARA TODOS LOS QUE
QUIERAN MANDAR A SU JEFE
A TOMAR POR C***
Y PARA AQUELLOS QUE
NUNCA TENDRÁN UNO.

ÍNDICE

INTRODUCCIÓN

Imagínate que estás al final
de tu vida, mirando hacia atrás.
¿De qué te arrepientes?

Bronnie Ware, una enfermera de Australia, cuidaba de enfermos terminales y escribió un libro sobre las historias de los últimos días de los pacientes. Se dio cuenta de que todos coincidían en lo mismo: de lo que más se arrepentían, en el puesto número uno, estaba el no haberse atrevido a hacer lo que realmente querían. Y es que, en nuestra vida diaria, muchas veces nos quedamos atrapados en la misma rutina y nos olvidamos de lo más importante.

¿Estamos haciendo lo que nos hace felices? ¿Estamos persiguiendo nuestros sueños? ¿Vivimos de lo que nos gusta?

Este libro que tienes en tus manos, *Cómo emprender sin tener ni p*** idea,* está diseñado para ser directo y práctico, y es para cualquiera que aspire a transformar una simple idea en un negocio increíble.

Si haces *CHECK* en alguna de estas cinco cosas, este libro es para ti:

☐ Estás harto de tu jefe.

☐ Quieres cambiar el rumbo de tu vida y vivir de lo que realmente te hace feliz.

☐ Tienes una idea y te gustaría hacerla realidad.

☐ Quieres emprender, pero no tienes ni puta idea de cómo hacerlo.

☐ Estás leyendo esta frase ahora mismo.

EXACTO. Este libro es una señal y ha llegado a tu vida en este momento por algo. Así que no dejes pasar otra oportunidad más, *LÉELO Y ACTÚA*.

Gracias a nuestro trabajo, hemos tenido la oportunidad de conocer a muchísimos emprendedores de todo tipo. Desde chavales como nosotras, de veinte años, que están transformando la industria y creando empresas que pintan DPM hasta veteranos que mantienen negocios rentables y siguen al pie del cañón. En este libro hemos reunido los aprendizajes más importantes y relevantes de nuestras entrevistas a emprendedores, experiencias personales, documentales de peña que «lo ha conseguido», casos de éxito, consejos de expertos e inversores. Todo para asegurarnos de que a ti nunca te llegue ese momento que a todo emprendedor le llega, el momento en que digas: «Joder, ojalá me hubieran enseñado a mí esto antes».

Pues bien, en este libro te vas a encontrar con varios *spoilers*, pero empecemos con el primero: da igual si tu idea de negocio es buenísima, regular o una que a la gente le parece una p*** mierda. Para emprender y triunfar, podríamos decir que eso es prácticamente irrelevante. De hecho, muchas veces, las ideas más revolucionarias y exitosas parecen al principio poco atractivas o incluso absurdas. Reed Hastings fue ridiculizado por pensar en alquilar DVD por correo; Richard Branson desafiado al competir con gigantes aéreos, y a Fred Smith casi le suspenden por proponer en su trabajo de fin de curso la idea de entrega rápida de paquetes. Incluso ideas como vender en un mercado de subastas online o alquilar el sofá de tu casa a desconocidos parecían destinadas al fracaso. Sin embargo, Netflix, Virgin Atlantic, FedEx, eBay y Airbnb demuestran que la pasión, la perseverancia, la innovación y una buena ejecución, entre otras, pueden transformar cualquier idea en oro.

Aquí vamos a ver todos los factores clave que pueden convertir cualquier idea en un éxito rotundo. Vamos a ver cómo puedes inspirarte, cómo conseguir una idea, y cómo hacer de tus pasiones tu día a día, para que cuando llegue el momento de mirar atrás estés lleno de historias que contar y cero arrepentimientos. Porque, recuerda, los grandes logros normalmente comienzan con un simple acto de valentía: empezar sin tener todas las respuestas.

1.

INSPÍRATE Y CONSIGUE TU IDEA

De cualquier situación,
de cualquier frase, de cualquier cosa,
puede llegar la inspiración.
Eso sí, tienes que estar
en movimiento y trabajando.

Todo lo que hay en este mundo se ha creado a partir de una idea que un hombre o una mujer tenía en su cabeza. También es cierto que toda idea surge de una inspiración. Y es que tal y como sugiere la palabra, la inspiración viene de nuestro espíritu, y puede ser provocada por dos cosas:

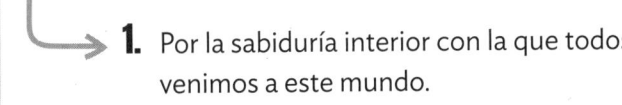

1. Por la sabiduría interior con la que todos venimos a este mundo.

2. Por algo que provoca en nosotros una emoción que al final se transforma en una idea.

Digamos que la inspiración no es más que ese chispazo inicial, el impulso que nos motiva a considerar la posibilidad de crear algo nuevo o de resolver un problema.

> Nuestro trabajo
> es transformar
> esa inspiración
> en una idea, y esa idea
> en una realidad.

LOS CUATRO PRIMEROS PASOS

En primer lugar, vamos a ver cómo empezar tu proyecto en cuatro pasos. Primero, se trata de estar ojo avizor, buscando esos fallos en la sociedad que tú podrías solucionar. Luego, tienes que encontrar a tu gente, esa audiencia que va a flipar con tu idea (o no). Y, por último, y lo más importante, hay que dar el primer paso. ¡Vamos a ello!

Primer paso:

estate atento y encuentra lo que puedes arreglar

Las mejores ideas surgen al resolver grandes problemas. Mucha gente va por ahí pensando «quiero montar un negocio, solo necesito una gran idea». Si ese eres tú, lo que realmente tienes que hacer es identificar qué es lo que no funciona en la sociedad, o incluso en tu vida.

¿Qué es lo que desearías o alguien desearía que existiera? ¿Qué es lo que desearías que fuera diferente? ¿Qué se puede mejorar? Reflexiona sobre ello y deja que la idea surja de ahí.

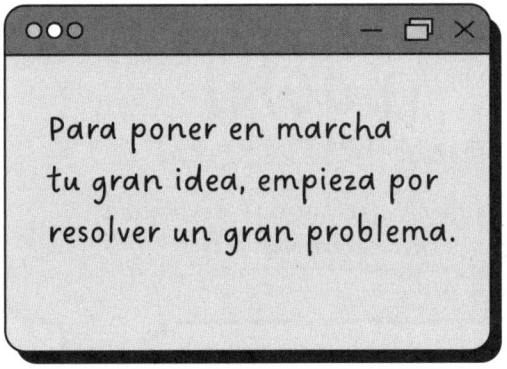

Para poner en marcha tu gran idea, empieza por resolver un gran problema.

En nuestro caso, nos encontramos con un problema muy grande al que no encontrábamos solución. Daniela y Gabriela estudiaban en Londres cuando surgió esa chispa, esa inspiración que luego daría lugar a una idea. Ocurrió en 2017, en el barrio de Mile End, en Londres. En ese momento, el Reino Unido estaba planteándose salir de la Unión Europea. Sí, lo que básicamente conocemos como Brexit. Bueno, pues prácticamente todos los días, Gabi y Dani quedaban para dormir, ver series, cenar juntas..., hacerse compañía. Tras tantas y tantas horas en aquella habitación, los temas de conversación variaban y desvariaban, hablando de todo y de nada a la vez. En una de esas conversaciones, empezaron a hablar del Brexit y la conversación fue algo muy parecido a esto:

—Tía, ¿te has enterado de lo que ha pasado hoy con el Brexit?

—Ni idea, creo que tenían que votar hoy si Theresa May se iba o se quedaba.

—Joder, lo he intentado leer hoy en el periódico que regalan en el metro, pero nada, imposible entenderlo.

—Ya ves tú, es que no me entero de nada de lo que dicen los periódicos, te ponen cero en contexto. Ojalá existiese un periódico para tontos.

—Ja, ja, ja, *lit!*

—Oye, ¿qué hacemos de cenar?

¡BOOM!
UNA INSPIRACIÓN.
El estímulo que inicia el pensamiento para crear una idea.

Aunque parecía que esa inspiración se esfumaría con esa frase, lo cierto es que se quedaría en una pequeña parte de nuestras mentes.

Años más tarde, cuando Dani acabó su carrera en Londres, consiguió sus primeras prácticas en Naciones Unidas, en la Misión Permanente de España en Nueva York. Allí, su trabajo consistía en asistir a las reuniones de la Asamblea General, la típica sala famosísima donde todos los presidentes y gente importante hacen sus discursos y parece que van a solucionar el mundo, y luego escribir lo que se había hablado para después redactar un telegrama que iría directo a la Embajada en España, a Madrid. De esta manera, las capitales del mundo están siempre al tanto de lo que pasa en las reuniones de Naciones Unidas.

El caso es que como lo que pasaba allí era pura actualidad, problemas y acontecimientos que pasaban en el mundo, Dani utilizaba los medios y leía muchos periódicos para informarse. Un día, Juan Guaidó se proclamó presidente de Venezuela y tuvo que explicar minuto a minuto lo que estaba pasando. Le pasó exactamente lo mismo que le había pasado hacía años con el Brexit. Le era imposible entender el problema principal ni de dónde venía porque ningún medio de comunicación ponía la noticia en contexto.

Hablaban en voz pasiva, siempre artículos muy largos y, por supuesto, aburridos y difíciles de leer.

Así, le volvió a pasar por la cabeza este pensamiento: «Por favor, que alguien me explique esto como si no supiese nada, como si no fuese periodista, como si no tuviese que saber de política. Como si fuese una niña pequeña. Como si fuese tonta».

Y de este modo, por necesidad propia, la idea de crear un medio de comunicación dirigido a *dummies* nació. Una idea que, por cierto, en un principio, a todo el mundo le parecía una real mierda.

Airbnb, Glovo, Amazon, LinkedIn, Facebook, Netflix, Starbucks, WhatsApp, Dyson, Under Armour, Uber, GoPro, Dropbox...,

TODAS ESTAS EMPRESAS SURGIERON POR NECESIDAD O PARA RESOLVER UN PROBLEMA.

La multimillonaria no heredera más joven del mundo es Wolfe Herd, y en su *masterclass* habla exactamente de esto. Wolfe es la cofundadora de Tinder, empresa de la cual tuvo que marcharse, y posteriormente fundó Bumble, una aplicación de citas donde las mujeres dan el primer paso y empiezan la conversación. Este enfoque busca empoderar a las mujeres y cambiar las dinámicas tradicionales.

Wolfe cuenta que, antes de fundar Bumble, notó un interesante fenómeno: aunque a las mujeres les decían que podían ser fuertes y tener las mismas oportunidades que los hombres en el trabajo y en la escuela, y en cómo manejan su vida y su dinero, aún no tenían el mismo control en sus relaciones amorosas.

«El único lugar en el que todavía la mujer no estaba empoderada era en sus relaciones», dice.

Ella misma cuenta que vivió en sus propias carnes el abuso online y que experimentaba toxicidad en sus relaciones. Entonces, a Wolfe le vino a la cabeza el siguiente pensamiento: «¿Cómo podemos empoderar a las mujeres en la sociedad si no tienen poder en sus relaciones, en casa, en su espacio seguro?».

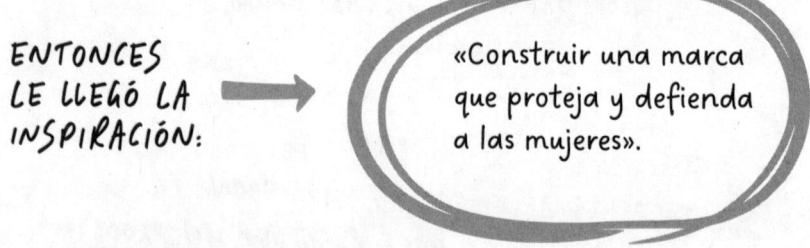

ENTONCES LE LLEGÓ LA INSPIRACIÓN: «Construir una marca que proteja y defienda a las mujeres».

Como a Wolfe, a todas las personas les han roto el corazón. Si puedes apoyarte en eso y ponerte en ese momento de dolor o de confusión, de frustración, o de lo que no es justo, de ahí empieza a surgir la idea.

«Si no me hubieran tratado como me trataron online, nunca habría sentido ese dolor tan profundo y nunca me habría inspirado para intentar arreglarlo. Sin eso, hoy no existiría Bumble», afirma Wolfe Herd.

Todo esto te demuestra que al final, tienes que estar muy alerta, con todos los sentidos abiertos, porque en cualquier momento...

¿QUÉ ES LO TUYO? ¿CUÁL ES TU PASIÓN?

Si ya sabes lo que te apasiona, tienes una gran ventaja. Usar tu pasión como punto de partida te da un camino directo para encontrar una idea de negocio no solo que funcione, sino también que te encante.

> Al centrarte en lo que realmente te gusta hacer no solo tendrás más posibilidades de triunfar, sino que también disfrutarás más del proceso.

Podrías empezar con esta pregunta: «¿QUÉ ES LO MÍO?».

Descubrir en qué eres realmente bueno no solo depende de tus habilidades, sino también de lo mucho que disfrutes al hacerlo repetidamente, porque ser el mejor en algo requiere muuuuucha práctica. Piensa en las cosas que haces fácilmente y con gusto: ahí podría estar escondido tu verdadero talento.

Piensa en cuando eras niño, esa época genial en la que todo te hacía feliz y cada día era una nueva aventura. ¿Qué cosas te tenían tan enganchado que el tiempo volaba? Los intereses que teníamos de niños a menudo son pistas de lo que realmente nos apasiona. Si todavía te emociona pensar en esas actividades, podría ser una señal de que ahí hay algo importante que vale la pena explorar ahora que eres adulto.

El reto es mantener viva esa pasión a medida que creces. No basta con saber lo que te gusta; alcanzar la excelencia requiere esfuerzo y mucha práctica.

A veces, los descubrimientos más increíbles vienen de reconectar con los tesoros de nuestro pasado.

RUTINAS PARA DAR RIENDA SUELTA A LA CREATIVIDAD

Ya sabemos que de cualquier sitio puede surgir una inspiración, por lo que hay que estar muy atento y con los ojos bien abiertos. Además, muchas veces, es la vida misma la que nos presenta ideas que pasamos por alto.

El descubrimiento de la penicilina es una historia increíble que muestra lo importante que es estar atento, porque las grandes ideas o soluciones pueden aparecer donde menos lo esperamos.

Alexander Fleming (1881-1955) estaba investigando unas bacterias cuando se fue de vacaciones. Al volver, encontró que un moho había crecido accidentalmente en una de sus placas de cultivo y había matado las bacterias alrededor de él. Intrigado, Fleming estudió este moho y descubrió que producía una sustancia que llamó penicilina, la cual podía matar bacterias. La penicilina se convirtió en el primer antibiótico y ha salvado millones de vidas al tratar infecciones bacterianas.

Las rutinas diarias, como meditar, hacer ejercicio o pasear, pueden preparar la mente para un estado más creativo.

Lo cierto es que las mejores ideas llegan cuando menos las esperas, como cuando estás tomando una ducha. Cuando nos relajamos, nuestro cerebro sigue trabajando sin que nos demos cuenta. Es como si nuestra mente se pusiera en modo «piloto automático» y, mientras estamos haciendo algo sencillo y rutinario, de repente encuentras la solución a algo en lo que habíamos estado pensando antes.

¿Cuántas veces te ha pasado que antes de irte a dormir se te ocurre una idea o te pasa por la cabeza algún pensamiento que dices: «Joder, que no se me olvide esto mañana»?

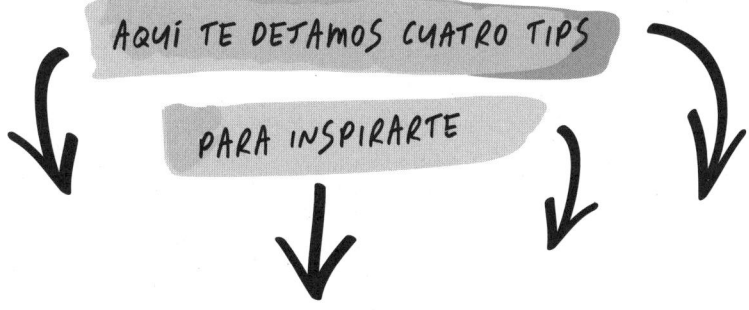

AQUÍ TE DEJAMOS CUATRO TIPS

PARA INSPIRARTE

1. LEE

La lectura es un atajo hacia la inspiración. No hay un solo libro que no aporte algo de valor: una idea, un recuerdo, una iluminación, algo en lo que pensar. En especial, las biografías. Inspira mucho conocer las vidas de aquellos a los que admiras, de gente importante, o de gente que simplemente ha hecho «cosas», se ha movido. Los audiolibros, las *masterclass*, los tutoriales, los pódcast... Cualquier cosa con la que aprendas un poquito más cada día te ayudará a seguir programando tu cerebro para recibir y crear inspiración.

② VIAJA Y SAL A LA NATURALEZA

La naturaleza y los viajes son fuentes inagotables de nuevas ideas. Viajar te saca de tu entorno habitual y te expone a nuevas culturas, idiomas y formas de vida. Esto puede desafiar tus suposiciones previas y abrir tu mente a nuevas formas de pensar. Tanto la naturaleza como los viajes te bombardean con nuevos estímulos sensoriales. Los colores vibrantes de un mercado local, los sonidos de un bosque o la textura de un antiguo monumento de piedra pueden ser el detonante para nuevas ideas.

③ DESCANSA

Estar ocupado todo el tiempo no es la mejor manera de ser creativo. A veces, lo mejor que puedes hacer es tomar un descanso, hacer algo relajante y dejar que las ideas fluyan naturalmente. Por eso es bueno tener un cuaderno cerca (las notas del iPhone con el título «Ideas» también valen ☺). ¡Nunca sabes cuándo te va a llegar la próxima gran idea!

④ SAL DE TU ZONA DE CONFORT, ES EL CAMINO MÁS DIRECTO HACIA LA CREATIVIDAD

Haz cosas que no sean parte de tu rutina diaria o que te desafíen de alguna manera, ya sea emocional, intelectual o físicamente. Probar nuevas actividades, aprender nuevas habilidades, enfrentar tus miedos o simplemente cambiar tu entorno habitual te desafía a crecer y a experimentar el mundo de maneras nuevas y diferentes. Nuestro consejo es que estés atento a todas las oportunidades, por muy simples o pequeñas que parezcan, y digas que sí a hacer prácticamente todo.

CREATIVIDAD VS. VISIÓN PRÁCTICA

Sabemos lo que estás pensando: tener una inspiración o una idea no es suficiente y no significa que vaya a funcionar.

CORRECTO. Al final, el mundo del emprendimiento es como una feria: tienes emocionantes montañas rusas, pero también juegos que te hacen pensar estratégicamente cómo ganar ese enorme peluche. En este parque de diversiones siempre hay dos personajes: el Soñador Creativo y el Visionario Práctico.

El Soñador Creativo es ese que siempre tiene ideas que parecen sacadas de una película de ciencia ficción. Se levanta por la mañana y, mientras se cepilla los dientes, ¡zas!, se le ocurre una idea para zapatos que te llevan solos al trabajo. Su cabeza está en las nubes, pero de esas nubes saca colores con los que pinta posibilidades que a muchos ni se nos ocurrirían.

El Visionario Práctico es el que tiene los pies tan pegados al suelo que casi echa raíces. Si le cuentas la idea de los zapatos que andan solos, te preguntará: «¿Y cómo los vas a hacer? ¿Quién los va a comprar? ¿Por cuánto los vendes? ¿Tendrías problemas legales si te atropellan mientras los usas?». Este tipo se sabe todos los trucos para hacer que una idea se convierta en algo que realmente puedes tocar, usar y, ¡claro!, vender.

En el mundo real del emprendimiento, necesitas ser un poco como ambos. Si solo eres el Soñador Creativo, puedes terminar inventando mil cosas que nadie quiere o que no puedes fabricar sin vender un riñón para financiarlas. Pero si solo estás en el modo Visionario Práctico, tal vez nunca salgas de la zona de confort y termines vendiendo el mismo chicle de menta que todo el mundo.

Ahora, imagina que el Soñador y el Visionario deciden trabajar juntos en lugar de competir. De repente, la creatividad tiene un camino claro, y la visión práctica tiene una pizca de magia. Los zapatos que te llevan solos al trabajo podrían empezar como una app que encuentra la mejor ruta a pie y, quién sabe, con el tiempo podrían llegar a ser esos zapatos futuristas después de todo.

LA MORALEJA ES SIMPLE:

Necesitas soñar para inspirarte y triunfar. Pero también tienes que despertar para hacer que las cosas pasen.

Segundo paso:

define tu espacio en blanco

Una vez que entiendas el problema que vas a resolver, es fundamental identificar a tus clientes y para ello debes definir tu espacio en blanco.

¿Qué significa esto? Pues básicamente encontrar una audiencia o grupo de individuos, o un sector de la población que se está pasando por alto.

Cuando sabes que alguien necesita algo que no existe en el mercado, ya sea porque no encuentra un diseño o servicio que se ajuste a sus necesidades, ya sea porque al no encontrar en tiendas aquello que necesita hace sus propios inventos caseros, hay **un espacio en blanco**. Recuerda que el poder de uno es, en realidad, el poder de muchos. **Si una persona está frustrada con algo, te pro-**

meto que hay muchas más detrás. Empieza por identificar a una persona que esté insatisfecha y analiza si puedes aprovechar esa necesidad.

Encontrar el espacio en blanco es algo que todos podemos hacer. De alguna manera, todos nos hemos sentido ignorados, todos tenemos un amigo que se siente desatendido, todos tenemos un padre que siente que sus necesidades no están completamente atendidas.

En nuestro caso, nuestra inspiración nos llevó a encontrar un espacio en blanco: «Los jóvenes no se sienten identificados con los medios de comunicación tradicionales y les gustaría informarse de la actualidad de otra manera».

La fundadora de Bumble encontró el suyo: «Las mujeres eran tratadas injustamente en sus relaciones, en su casa, en su lugar seguro».

Nadie habla de eso. Así es, pero no es como tiene que ser. Y así es como encuentras tu espacio en blanco. Después, empieza a construir sobre esa base: «¿Qué es lo que quieren (o no quieren) las personas? ¿Qué está pasando ahora mismo? ¿Qué herramientas tienen ahora que no les sirven?». Busca la respuesta y construye sobre ese espacio en blanco.

Encontrar tu espacio en blanco —tu white space— puede ser el principio de tu idea multimillonaria.

Tercer paso:
identifica a tu audiencia

Imagina que tu producto o servicio es una carta de amor: necesitas saber a quién se la estás escribiendo para que llegue al corazón correcto.

Pero aquí viene lo interesante: este mapa no es rígido. A medida que tu negocio crece y aprendes más sobre el mercado, es natural y hasta beneficioso que tu audiencia objetiva evolucione. Este cambio no significa que te equivocaste al principio, sino una señal de que te estás adaptando y afinando tu enfoque.

La evolución de tu audiencia es un reflejo de tu crecimiento como emprendedor y de la maduración de tu negocio. Así que, mientras comienzas con una idea clara de a quién quieres servir, mantén la mente abierta para abrazar el cambio y el crecimiento que vendrán con el tiempo.

> Identificar a tus clientes potenciales desde el principio es como dibujar un mapa antes de emprender una travesía; te da dirección y propósito.

En nuestro caso, como la idea surgió por propia necesidad, pensamos que la audiencia a la que nos dirigíamos sería muy parecida a nosotras: consumidores frustrados de noticias. Personitas que han nacido con un móvil en la mano, con internet, y que tienen a su alcance todo lo que quieren y necesitan en minutos o segundos. Y que, por cierto, no van a perder ni un minuto de su tiempo en tratar de entender temas muy aburridos, difíciles, largos, politizados y básicamente... poco *appealing*.

Empieza haciendo este ejercicio para ir poniéndole cara a tu audiencia.

	RAZONAMIENTO	¿QUIÉNES SON?
Edad y sexo	Como Ac2ality surgió por una necesidad propia, sabíamos que nuestra audiencia tendría que ser muy similar a nosotras en cuanto a edad, costumbres, valores, etc.	Tienen entre dieciséis y veintisiete años. Son chicos y chicas.
Costumbres	Online, online, online. En España, nueve de cada diez chicos y chicas de entre quince y veintinueve años disponen de un *smartphone* y pasan una media de siete horas diarias usándolo. El 95 % del tiempo, en redes sociales.	Son nativos digitales. No se despegan del móvil y básicamente utilizan las redes sociales para todo. Inspirarse, buscar, comprar, leer e informarse.
Necesidades	Las nuevas generaciones lo queremos todo rápido y fácil. Preferiblemente, en nuestros dispositivos. Somos impacientes por naturaleza. Y si algo se nos complica más de la cuenta, seguramente acabemos abandonándolo.	Son impacientes. Quieren enterarse de todo y tener todo a través del móvil. Preferiblemente, en redes sociales. Quieren enterarse de lo que está pasando en el mundo lo más rápido y fácil que sea posible, sin que se lo pongan complicado.
Gustos	Les gusta estar informadas, saber lo que está pasando a su alrededor y en el mundo, pero sienten que les ponen barreras y que no hay nada que hable su mismo lenguaje.	Son curiosos y quieren saber lo que está pasando en el mundo.
Dónde viven	¿A quién no le gusta estar informado de la actualidad? ¿Acaso alguien decide ser inculto o no saber de lo que va una conversación? Literalmente, un medio para *dummies* le serviría a gente de todo el mundo. Decidimos empezar en inglés para tener más audiencia (*spoiler*: luego lo abandonamos y empezamos a hacerlo en español).	No viven en un país ni lugar en concreto. Son ciudadanos del mundo.

Ahora es tu turno. Métete en la vida de tus clientes. Al detallar sus costumbres, desde la hora en que se despiertan hasta que van a dormir, pasando por sus *hobbies*, estás creando un retrato vivo de quiénes son realmente. Al personificar a tu cliente no solo conocerás su perfil, sino que comenzarás a pensar como él. Te pondrás en sus zapatos con una precisión que te sorprenderá, y esa es la clave para conectar verdaderamente con tu audiencia y satisfacer sus necesidades de una manera que nadie más puede.

¿CÓMO LO DEFINIRÍAS? (moderno, divertido, ambicioso, curioso...)

....

....

¿A QUÉ HORA SE LEVANTA?

....

....

¿CUÁNTOS AÑOS TIENE?

....

....

¿SEXO?

....

....

¿ESTUDIA? ¿TRABAJA?

....
....

¿TIENE REDES SOCIALES?

....
....

¿CÓMO VISTE?

....
....

¿ES VAGO O ACTIVO?

....
....

¿HACE DEPORTE?

....
....

¿ES CURIOSO?

....
....

¿QUÉ HOBBIES TIENE?

....
....

DEFINE TU MARCA Y, LITERALMENTE, DALE VIDA

Más o menos, ya sabes a quién te diriges. ¿Y ahora qué? Pues es el momento de ponerle salsa a tu marca. Imagínate que tu marca es un personaje de tu serie favorita. ¿Cómo sería? Si tus clientes son de los que se levantan a las cinco de la madrugada y unos cracks del deporte, tu marca tiene que ser pura energía, que se despierten solo con verla. Si son de los que se quedan hasta tarde viendo pelis o libros, tu marca podría tener un rollo más nocturno, algo que grite creatividad y originalidad.

Darle rollo a tu marca no es solo escoger un logo guapo o colores que molen. Va de crear una personalidad que le llegue a la gente, que le hable de tú a tú.

Es el puente entre lo que ofreces y lo que ellos están buscando. Si logras que tu marca refleje lo que le va a tu gente, no solo la vas a atraer, sino que se va a quedar contigo a muerte.

ES COMO MIRARSE EN UN ESPEJO: TU GENTE TIENE QUE VERSE REFLEJADA EN TU MARCA.

Analiza las respuestas que has dado a las anteriores preguntas y piensa: «Si mi marca fuera un colega, ¿cómo sería? ¿Qué rollo tendría?». Eso es lo que hace que tu marca no solo exista, sino que tenga su propia onda y conecte de verdad con tus clientes.

Y ASÍ ES COMO EMPIEZAS
EL PRINCIPIO DE TU HISTORIA.

Las marcas con personalidades fuertes y distintivas son más fáciles de recordar y los consumidores a menudo son leales a las marcas con las que sienten una conexión personal.

AHORA QUE TENEMOS
TODO LO NECESARIO PARA EMPEZAR...
¿TE ATREVES A EMPRENDER?

LAS PRIMERAS DIFICULTADES

En esta vida puedes ser lo que tú quieras, el único impedimento eres tú mismo.

Emprender es embarcarse en un viaje por aguas desconocidas.
Y la primera dificultad que muchos encuentran es la resistencia al cambio. El ser humano está programado para buscar la seguridad y la comodidad, y lanzarse a la incertidumbre de un nuevo negocio va en contra de ese instinto. Esta resistencia no solo puede venir

de uno mismo, sino también de amigos y familiares, cuyas dudas y preocupaciones, aunque no lo hagan con mala intención, pueden sembrar en ti la semilla de la incertidumbre y, lo que es peor, pueden llegar a desmotivarte a saco. Tanto que hasta acabes abandonando tu idea, tu sueño, y sigas trabajando para el gilipollas de tu jefe.

MIRA. Cuando cuentes tu idea a tus familiares o amigos cercanos, estate preparado, porque no van a mostrar el entusiasmo que esperas. Lo más probable es que para ti, tu idea sea brillante, una idea revolucionaria que podría incluso cambiar el mundo o, como mínimo, ponerlo patas arriba. Pero para el resto no será tan buena idea, no creerán que puedes cambiar el mundo, y lo peor, te dirán mil razones por las que no deberías hacerlo y por las que no merece la pena ni siquiera intentarlo. Vas a escuchar cosas como «pero si eso ya existe», «ese negocio es muy difícil porque…», «ya hay mucha competencia», «es muy caro crear eso», «ya, pero cómo vas a hacer esto o lo otro», «nadie va a invertir en eso porque…», «de dónde vas a sacar la pasta», y un sinfín de impedimentos y excusas que dicen porque ellos mismos no son capaces de vivir de lo que les gusta… ¡Ya verás cómo de repente todo el mundo te da consejos como si fuese experto en negocios!

¿LO BUENO? Que como ya sabes que esto va a pasar, cuando pase, por favor, tan solo ríete por dentro y ten la confianza de que estás siguiendo los pasos correctos.

¡Que te digan o que te hagan sentir que tu idea es una puta mierda es solo el principio de una historia increíble!

Además, por suerte o por desgracia…

> El éxito en los negocios no depende de la calidad de la idea, sino de la ejecución, el *timing*, el mercado, la financiación, la perseverancia y solo a veces de la suerte.

La soledad es otro enemigo silencioso del emprendedor en la fase inicial. Actuar y tomar decisiones sin un equipo de apoyo o un socio puede ser frustrante, abrumador, desmotivador. La presión de ser el único responsable del éxito o del fracaso de la empresa puede llevar a muchos a cuestionar su camino.

Pero quizá *LA DIFICULTAD MÁS GRANDE* sea **el miedo al fracaso.** Este miedo puede paralizar, hacer que los emprendedores duden de cada paso y, en el peor de los casos, les impida asumir riesgos necesarios.

> El fracaso, sin embargo, debe ser visto como un maestro, no como un verdugo. Y no, no es un cliché:

cada error es una lección y cada tropiezo una oportunidad para aprender y crecer.

«¿Entonces qué?», te preguntarás.
NO DEJES DE CONTAR TU IDEA.

En esta fase inicial, el mejor consejo que te podemos dar es que, aunque sepas lo que va a pasar cuando hables de tu idea, nunca dejes de contarla. Y no, no te preocupes, que la gente no te va a copiar, por muy bueno que te parezca tu proyecto. Nadie anda por ahí copiando ideas, ya que esa pasión, esa inspiración y esa chispa surgen del emprendedor, y por tanto, es él el único que tiene la motivación para llevarla a cabo. Además, ¿acaso no sabes ya que tu idea para el resto de la gente es una buena mierda?

La razón por la que tienes que contar tu idea es porque siempre existirá una personita —aunque solo sea una— que realmente confíe en ella y comparta tu misma visión. Ese alguien puede acabar siendo tu socio, tu compañero de viaje, puede darte el consejo más oportuno en el momento más adecuado, o precisamente, puede ser ese pequeño empujón que necesitas para dar el paso definitivo y emprender.

En nuestro caso, Dani, tras haber estado trabajando en la idea de un periódico *for dummies* durante un tiempo, sintió esa soledad de la que hablábamos antes y trató de buscar ese *feedback*, ese apoyo, en alguno de sus amigos y familiares. Al final, acabó apoyándose al máximo en Gabi, quien compartía su misma visión con claridad. Gabi acabó involucrándose y dio forma a la idea. Después, tras mucho trabajo, prueba y error, mucha paciencia, y sobre todo, mucha pasión, sin apenas buscarlo, acabó llamando a nuestra puerta gente que confiaba en nuestro proyecto, que de alguna manera quería participar en él y que acabaría llevándolo a otro nivel.

EL PASO MÁS IMPORTANTE

> En un camino de cien millas,
> la más importante siempre es la primera.

Esta frase, aunque simple, encierra una verdad profunda sobre el emprendimiento. El primer paso es el que marca la diferencia entre *soñar* y *hacer*, entre *idea* y *acción*. Es el momento en que el emprendedor dice «sí» a la aventura y «no» a la comodidad de lo conocido.

Pero ¿cómo se da ese primer paso? Fácil. Empieza con la decisión de empezar. Luego, divide tu gran visión en partes pequeñas, manejables y accionables. No necesitas ver todo el camino para dar el primer paso, solo necesitas saber hacia dónde quieres ir y tener la confianza para moverte en esa dirección.

> El primer paso no garantiza el éxito inmediato, pero es esencial.

EL PRIMER PASO NO TIENE QUE SER PERFECTO. DE HECHO, RARA VEZ LO ES.

Pero cada error, cada tropiezo, es invaluable. Te enseña, te guía y te lleva más cerca de tu meta. Lo importante es que estás en movimiento, estás progresando, estás viviendo la vida de un emprendedor.

En Ac2ality, el primer paso que Dani dio fue crear una página web: newsfordummies.com. Ahí Dani iba subiendo las noticias del día convertidas en esquemas parecidos a los de un colegio, literalmente hechos en PowerPoint, que imitaban los apuntes que cogíamos en clase. Y todo lo hacía en inglés. Echando la vista atrás, fue una idea de bombero teniendo en cuenta que Dani no era ni de lejos bilingüe.

Bueno, pues la entrada al equipo de Paula y María trajo nuevas inspiraciones e ideas, y Ac2ality, hoy en día, es otra cosa completamente diferente. Nuestra empresa es mucho más que eso y, sin lugar a dudas, seguirá mutando y mutando.

Esto te demuestra que el primer paso es simplemente el comienzo de un proceso de evolución y descubrimiento que puede llevar a resultados extraordinarios.

Mira. Imagínatelo como si fuese una pelota que una vez que empujas empieza a rodar, y cada vez se va haciendo más grande. Cada vuelta que da hace más difícil abandonar la idea, ya que literalmente, se te va haciendo bola.

Para que lo entiendas mejor: con quinientos euros de ahorros, Dani creó una página web y empezó a subir contenidos (primer empujón). Mientras, le contaba su idea a más y más gente para que se suscribiese a su *newsletter* de noticias (segundo empujón), y así sucesivamente hasta que ya, «¿cómo vas a volverte atrás con todo el trabajo que has hecho...?».

Y es que cuando tomas una decisión, alguna puerta se abre, siempre. Y en el caso del emprendimiento, es todavía más cierto. Tomar la decisión de empezar te lleva a una cosa, a aprender algo, a conocer a alguien, y esa cosa te lleva a otra, y entonces es cuando empiezas a sentir que estás en el camino correcto. ¡En el camino hacia el éxito!

DE MOMENTO, SOLO FÍJATE EN EL PRÓXIMO PASO, EN EL QUE TIENES QUE DAR DESPUÉS,

Y NO PIENSES EN LOS MILES DE MILLONES QUE TE QUEDAN POR DELANTE.

TAKEAWAYS... ¡Y A POR EL SIGUIENTE NIVEL!

✔ **La inspiración es la chispa inicial,** esa primera fase esencial en la que nace una idea. La necesitarás durante todo el proceso de emprendimiento, desde que se te ocurre esa idea genial para un negocio hasta que la pones en marcha y la haces crecer.

✔ **No hay una única fuente o camino** para encontrar la idea perfecta; la inspiración puede venir de cualquier lugar y en cualquier momento, siempre y cuando estés abierto a recibirla. ¡Abre los ojos!

✔ **La inspiración inicial es solo el comienzo.** Define tu espacio en blanco, identifica a tus clientes, a las audiencias ignoradas o desatendidas, y descubre qué es lo que quieren (o no quieren). Mira los modelos existentes, señala lo que puedes solucionar y **recuerda que el éxito no depende de la calidad de una idea.**

✔ **El primer paso es el más importante.** Una vez que lo das, es más fácil seguir adelante. Ve paso a paso, centrándote solamente en el que va después, y muy pronto... ¡irá rodado!

✔ **Cree, confía en ti, sal de tu zona de confort** y toma la decisión de seguir adelante a pesar de las dificultades. No es un cliché: **el que no arriesga, no gana.**

2.

CON PASIÓN
Y ACTITUD
LLEGARÁS
JODIDAMENTE
LEJOS

La pasión y la actitud son,
sin duda, más importantes
que el talento.

Todo de lo que hemos hablado en el capítulo anterior necesita dos elementos fundamentales: pasión y actitud. Son los ingredientes secretos que te ayudan a lanzar y mantener tus proyectos.

1. La **pasión** es esa emoción fuerte que sientes al comenzar algo nuevo. Es como un impulso que te energiza y te motiva a dar el primer paso. Imagínatela como el motor que arranca todo el proceso.

2. La **actitud** es cómo te enfrentas a los retos y sigues adelante a pesar de las dificultades. Es la habilidad para mantenerse positivo, adaptarse y continuar luchando por lo que quieres, no importa lo complicado que parezca el camino.

Vamos, que **la pasión te da la energía para empezar con fuerza, pero es la actitud la que te permite seguir adelante y no rendirte.** Juntas, pasión y actitud son como un equipo dinámico que te lleva desde la idea inicial hasta hacer realidad tus metas.

LA PASIÓN

Cuando encuentras tu pasión —o sea, aquello a lo que quieres dedicar tu vida—, lo sabes porque:

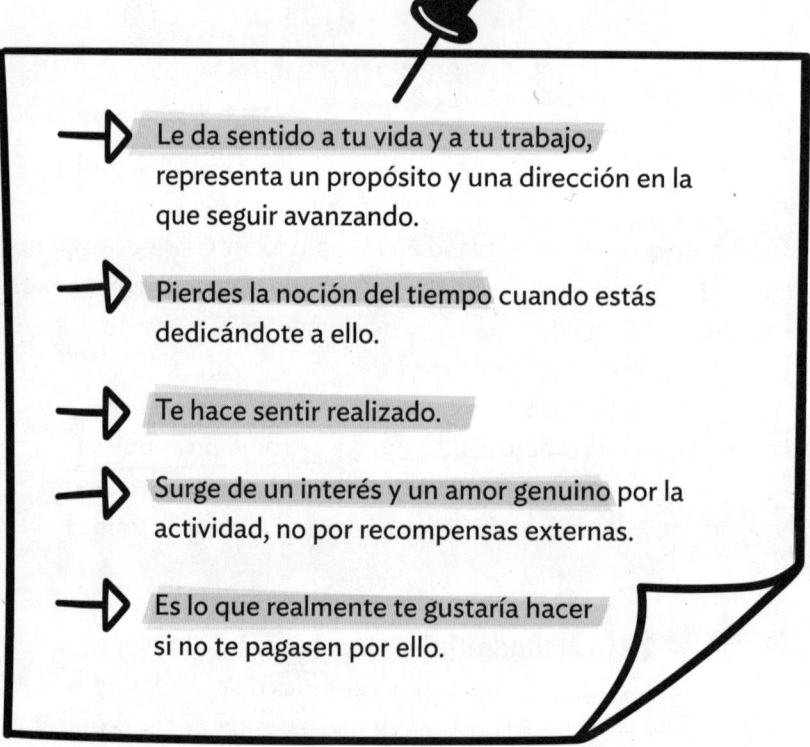

> Le da sentido a tu vida y a tu trabajo, representa un propósito y una dirección en la que seguir avanzando.

> Pierdes la noción del tiempo cuando estás dedicándote a ello.

> Te hace sentir realizado.

> Surge de un interés y un amor genuino por la actividad, no por recompensas externas.

> Es lo que realmente te gustaría hacer si no te pagasen por ello.

Ya sabemos que el emprendimiento no es solo una cuestión de tener una (buena) idea. Pero tampoco de contar con los recursos, el dinero o los contactos necesarios para llevarla a cabo. Quítate eso de la cabeza, porque la pasión es el verdadero motor del emprendedor.

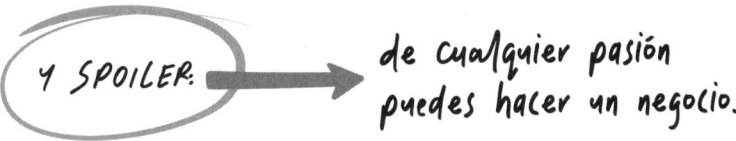

Y SPOILER: ➤ de cualquier pasión puedes hacer un negocio.

LA PASIÓN ES UNA CLAVE FUNDAMENTAL DEL ÉXITO POR CUATRO MOTIVOS:

1. **Te motiva.** Especialmente en momentos difíciles. Los emprendedores apasionados son más propensos a perseverar a través de los obstáculos y fracasos porque están profundamente comprometidos con sus visiones.

2. **Te contagia.** La pasión se traslada a empleados, clientes e inversores. Un líder apasionado puede construir una cultura empresarial fuerte, atraer talento y generar entusiasmo entre los consumidores y los socios.

3. **Despierta tu creatividad e innovación.** Los emprendedores apasionados están constantemente buscando formas de mejorar y evolucionar, impulsados por su amor y por el compromiso con su trabajo. Esto puede llevar a descubrimientos y desarrollos únicos que diferencian su negocio en el mercado.

4. **Te hace ser auténtico.** Los emprendedores apasionados a menudo cuentan historias auténticas con las que su audiencia se identifica, creando una conexión más profunda con los clientes.

Andy Puddicombe estudió Ciencias del Deporte antes de irse al sistema de los Himalayas a aprender meditación. Esta experiencia cambió su vida tanto que se hizo monje. Luego, sintió la necesidad de hacer la meditación accesible para todos y creó Headspace con Rich Pierson —que trabajaba en publicidad—, a quien conoció en Londres.

Empezaron sin mucho dinero, solo unieron sus talentos para desarrollar la aplicación que adapta la meditación a cada usuario. Con el tiempo, Headspace se hizo popular y mostró su valor, logrando financiación y crecimiento. Hoy, la pasión de Andy por la meditación ha convertido Headspace en un negocio tecnológico de éxito con más de 30 millones de usuarios y un valor de más de 100 millones de dólares.

EN NUESTRO CASO,
ESTÁ CLARÍSIMO QUE LA IDEA SIN PASIÓN
SE HUBIESE QUEDADO EN UNA
HABITACIÓN.

Y es que, tal y como comentábamos antes, excepto a nosotras cuatro, lo cierto es que a nadie le entusiasmaba la idea de un medio *para dummies*. Mucha gente se quedaba en plan «ah, que guay», casi que con cara de asco y por puro compromiso; otros se reían e incluso sabíamos que gente que nos conocía decía cosas por ahí del tipo «qué pringadas, haciendo ese tipo de vídeos».

Pero lo cierto es que, aunque ahora parezca una tontería, fuimos pioneras en hacer periodismo en TikTok. Y no solo periodismo en TikTok, también hemos sido precursoras en explicar las noticias en formato vídeo, en vertical, con dibujitos, todo muy visual y en un minutito. Exacto, el formato que usan ahora todos los medios de comunicación. Pero en nuestro país fuimos las primeras en hacerlo. ¿Lo bueno? ¡Los creativos siempre van por delante de los que copian!

Conclusión: sin nuestra pasión por el proyecto, si nos hubiéramos basado en las opiniones del resto, en estudios de mercado, o en los cientos de impedimentos que nos dijeron que íbamos a tener a la hora de monetizar nuestro negocio, no hubiésemos llegado ni a la vuelta de la esquina.

MOTIVACIÓN VS. PASIÓN

Llegados a este punto, tenemos que saber la diferencia entre *pasión* y *motivación*. Y es que la motivación es muy peligrosa, ya que **a un motivado se le deja de tomar en serio muy rápido.**

Imagínate que la motivación es como una cerilla. La rascas, prende superrápido y te da una llamarada genial por unos segundos, pero ¡puf!, se apaga igual de rápido. Es esa chispa que te dice «¡vamos a hacer esto!» se esfuma en un abrir y cerrar de ojos. Venga, ¿cuánta gente motivada se te ha venido a la cabeza?

Pero la pasión es otra historia. Digamos que es como una vela. Cuando la enciendes, quizá no es tan espectacular como la cerilla, pero oye, esa llama sigue ahí, firme y constante. Pues eso es exactamente la pasión: un fuego que no se apaga tan fácilmente, que te mantiene calentito y con luz a largo plazo.

Así que piénsalo: ¿qué es lo que realmente te mueve? ¿Unas cerillitas de motivación que se apagan rápido o una vela de pasión que arde sin parar? Entender esto puede ser la clave no solo para arrancar tu proyecto, sino para mantenerlo vivo y a tope.

	MOTIVACIÓN Cerilla	PASIÓN Vela
Características	• Prende rápido. • Llama intensa pero breve. • Se apaga rápidamente.	• Encendido menos espectacular. • Llama constante y duradera. • Persiste en el tiempo.
Impacto	• Impulso inicial fuerte. • Puede desvanecerse rápidamente.	• Mantiene el interés y el compromiso a largo plazo.
Sostenibilidad	• Menos sostenible a largo plazo. • Puede necesitar renovación constante.	• Más sostenible a largo plazo. • Mantiene un fuego constante.
En el emprendimiento	• Buena para empezar proyectos. • Riesgo de una rápida pérdida de interés.	• Ideal para mantener proyectos. • Proporciona energía constante y enfoque.

Si te han entrado las dudas y crees que en realidad podrías estar motivado y no apasionado, no te preocupes, sigue estos consejos y recuerda que **la pasión se encuentra en el viaje, no en el destino:**

1. **Sigue tu curiosidad.** ¿Qué llama tu atención? La pasión muchas veces empieza con algo que genera en ti un interés que no te suelta.

2. **Hazlo a tu manera.** No tienes que seguir el libro de reglas de nadie. Encuentra tu propio camino. La pasión suele nacer cuando haces las cosas a tu manera.

3. **No tires la toalla a las primeras de cambio.** Si algo te motiva, pero se pone cuesta arriba, no te rindas. En la vida, hay que esforzarse, y a veces la pasión se crea en la lucha.

4. **Conecta con tus valores.** Piensa en lo que realmente te importa en la vida, en tus valores. Si puedes unir tu motivación a ellos, entonces es cuando la chispa se puede convertir en fuego.

5. **Rodéate de gente que piense igual que tú.** Busca a personas que compartan tus intereses. A veces, ver a otros apasionados por lo mismo te ayuda a encender tu propia pasión.

6. **Reflexiona y ajusta el rumbo.** De vez en cuando, párate a pensar en cómo te sientes con lo que estás haciendo. Si algo no te llena, cambia un poco el enfoque.

7. **Date tiempo y sé paciente.** La pasión no surge de la noche a la mañana. Si algo te motiva de verdad, dale espacio para que crezca y se convierta en algo más grande.

En el emprendimiento, la ética es muy importante. Digamos que si tu idea es una máquina, la ética es lo que asegura que esa máquina funcione bien para todos, no solo para ti. Es como ponerle un filtro que dice: «Vale, esto mola, pero ¿estoy pisando a alguien? ¿Estoy haciendo algo chungo sin darme cuenta?».

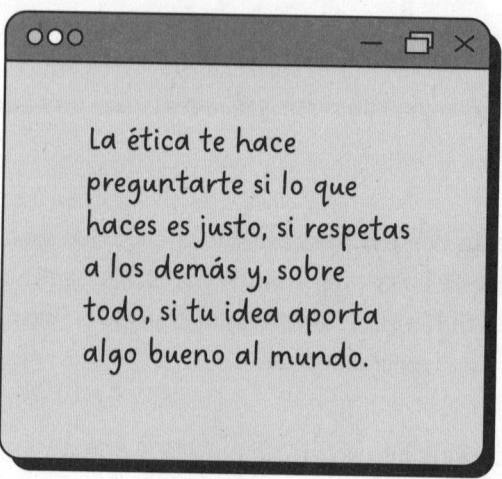

La ética te hace preguntarte si lo que haces es justo, si respetas a los demás y, sobre todo, si tu idea aporta algo bueno al mundo.

¿Y POR QUÉ ES IMPORTANTE?

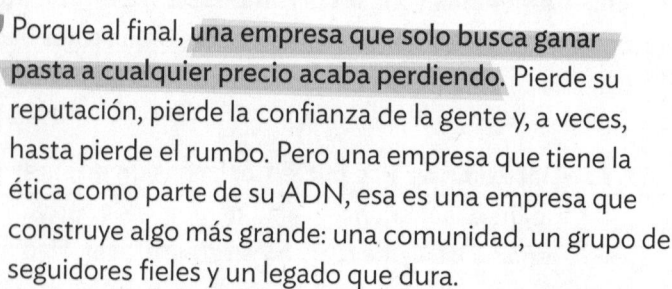

Porque al final, una empresa que solo busca ganar pasta a cualquier precio acaba perdiendo. Pierde su reputación, pierde la confianza de la gente y, a veces, hasta pierde el rumbo. Pero una empresa que tiene la ética como parte de su ADN, esa es una empresa que construye algo más grande: una comunidad, un grupo de seguidores fieles y un legado que dura.

Porque, al final, lo que queremos es dejar el mundo un poquito mejor de cómo lo encontramos, ¿no? Ese es el verdadero corazón del emprendimiento.

En Ac2ality buscábamos construir algo exitoso —¡claro!—, pero también algo de lo que pudiésemos estar orgullosas. El hecho de que muchos jóvenes, e incluso niños, puedan ser más cultos o enterarse de lo que pasa a su alrededor gracias a nuestros contenidos es algo que nos llena de satisfacción. De alguna manera, tus servicios o productos han de servir y aportar a la sociedad.

La historia de la empresa Theranos nos demuestra cómo la pasión sin una base de realidad y de ética puede llevar al fracaso y causar grandes problemas (si no conoces la historia, te recomendamos la serie de *The Dropout*, porque es alucinante).

Spoiler: Elizabeth Holmes fundó Theranos con la promesa de una tecnología revolucionaria para análisis de sangre que requería solo unas gotas. A medida que la empresa crecía, también lo hacían las expectativas y la presión para cumplir lo prometido. Al final, se descubrió que la tecnología de Theranos no funcionaba como se había afirmado, lo que llevó a acusaciones de fraude y Holmes acabó en la cárcel. Esta ambición descontrolada no solo puso en riesgo la empresa y su reputación, sino también la salud de las personas que confiaron en los resultados de sus análisis de sangre, lo que demuestra cómo la ambición sin límites éticos y sin una base realista puede tener consecuencias devastadoras.

Esta fuerza increíblemente poderosa que nos inspira a dar el primer paso, a superar obstáculos y a seguir adelante incluso cuando las probabilidades están en contra es como una chispa que enciende la mecha de nuestro proyecto y nos impulsa a alcanzar nuevas alturas.

PERO ¿PUEDE DURAR PARA SIEMPRE?

Pues, honestamente, la pasión inicial, aunque intensa, puede disminuir con el tiempo. Y es que a medida que enfrentamos desafíos, tareas rutinarias y momentos difíciles, es posible que esa pasión se enfríe. Esto no significa necesariamente que perdamos nuestro interés en el proyecto (o que simplemente estuviéramos motivados, pero no apasionados), sino que estamos experimentando una transformación en la naturaleza de nuestra pasión.

En nuestro caso, te podemos asegurar que hemos vivido muchísimos momentos en los que, aunque confiábamos en el proyecto y habíamos demostrado con creces que nos apasionaba, las dudas y la incertidumbre nos comían. No sabíamos adónde íbamos a llegar, si estábamos trabajando en vano e, inevitablemente, en esos momentos de bajón notábamos que nuestro fuego se iba apagando.

Nuestra pasión iba apagándose según aumentaban preguntas del tipo: «¿Por qué seguimos haciendo vídeos, si tampoco los ve tanta gente?», «¿Cuánto tiempo tiene que pasar hasta que esté bien que tiremos la toalla?», «¿En qué momento vamos a monetizar nuestro trabajo?», «¿Acaso alguien va a querer comprarnos en algún momento?», «¿Cuántos seguidores necesitamos para poder ver un euro en la cuenta?», «¿Qué c*** vamos a hacer ahora que

TikTok nos ha borrado la cuenta con un millón y medio de seguidores, de la noche a la mañana?».

Cuando sientes que la pasión se está desvaneciendo, una estrategia es buscar nuevas fuentes de inspiración (vuelve a leer el capítulo anterior), pero también **es esencial mantener una actitud positiva.** Una actitud positiva puede mantener viva la pasión incluso en momentos difíciles. Y es esa actitud la que nos permite ver los desafíos como oportunidades de crecimiento y seguir adelante con determinación. Aprende algo nuevo, conoce a personas apasionadas en tu campo o, simplemente, tómate un descanso para recargar energías.

RECUERDA QUE LAS MEJORES IDEAS SURGEN CUANDO PARAS.

Otra táctica es establecer metas emocionantes y desafiantes que te motiven a seguir adelante.

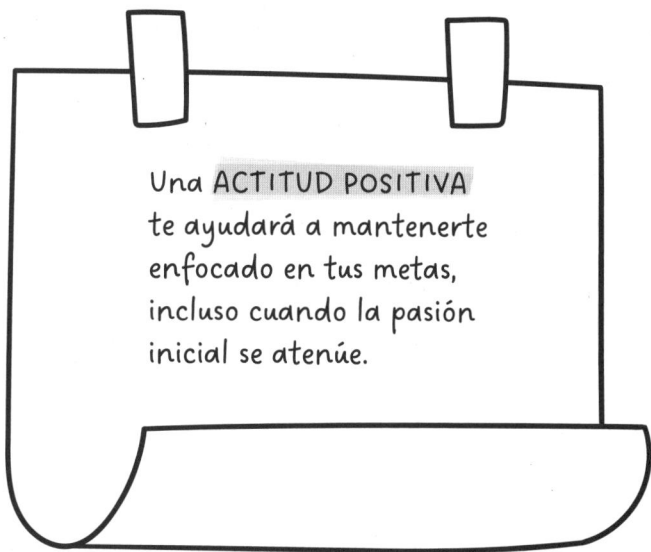

Una ACTITUD POSITIVA te ayudará a mantenerte enfocado en tus metas, incluso cuando la pasión inicial se atenúe.

LA ACTITUD

La actitud, es decir, la mentalidad y el enfoque que un emprendedor lleva a su negocio, es crucial. Pero ¿cuál es la mejor actitud para emprender?

Hemos analizado y recogido las respuestas de varios emprendedores a los que hemos entrevistado y hemos llegado a la conclusión de que **la mejor actitud para emprender combina diez elementos:**

1. **Sé un optimista algo realista.** Es imprescindible creer en el éxito y en tu idea al 200 %, pero también estar preparado para enfrentar desafíos. Una actitud positiva te equipará con las herramientas necesarias para enfrentar los inevitables altibajos en el camino del emprendimiento.

2. **Sé flexible.** Tienes que estar abierto a adaptarte y cambiar cuando sea necesario.

3. **Sé persistente.** No te rindas ante los fracasos y aprende de ellos.

4. **Sé curioso.** Pregunta todo y busca constantemente nuevas ideas y enfoques.

5. **Confía.** Ten fe en ti mismo y en la visión del negocio.

6. **Sé empático.** Tienes que entender y valorar las necesidades y perspectivas no solo de los clientes, sino también de tus trabajadores.

7. **Sé responsable.** Asume la responsabilidad de las decisiones y de las acciones. Si algo sale mal, es tu culpa y la de nadie más.

8. **Sé leal.** Mantén altos estándares éticos en todas las operaciones del negocio.

9. **Visualiza a largo plazo.** Mantén el enfoque en metas a largo plazo mientras manejas las operaciones diarias.

10. **Di que sí.** Practica la cultura del sí y sé positivo.

«SAY YES»

El punto número 10 merece un apartado solo para él, porque es un mantra para nuestra vida y nuestra empresa. Esta «cultura del sí» se basa en algo muy simple, pero poderoso: di que sí a TODAS las oportunidades y los desafíos, incluso si no estás completamente seguro de cómo los vas a manejar.

Veamos un ejemplo real de nuestro día a día:

—Mery, ¿te acuerdas ese mexicano que conocimos el otro día en el evento? Me ha preguntado si podríamos ir a México a grabar un evento que organiza en un pabellón para que luego puedan emitir el vídeo en televisión. También quieren que creemos el contenido de todo el evento para sus redes.

—Pero si no tenemos ni una cámara.

Literalmente es así: todo lo hacemos con el móvil y un aro de luz.

—Ya. Pues le he dicho que sí, que sin problema... Que a eso es a lo que nos dedicamos.

—No me lo creo. Bueno, pues a México que nos vamos...

Aunque quizá sea un caso extremo, esta «cultura del sí» no solo consiste en asumir riesgos; es un compromiso con el aprendizaje, la adaptabilidad y, sobre todo, la confianza en uno mismo y en el equipo con el que trabajas. Se trata de estar abierto a nuevas posibilidades y no dejar que el miedo al fracaso te paralice.

> Cuando decimos «sí», nos comprometemos a encontrar soluciones, a aprender en el camino y a adaptarnos a las circunstancias.

A Richard Branson, uno de los emprendedores más importantes del mundo, se le conoce, entre otras cosas, por su estilo de vida aventurero y su disposición a decir que sí a desafíos y oportunidades. La historia de Virgin Records es un ejemplo claro: a pesar de no tener experiencia en la industria musical, Branson dijo «sí» a la oportunidad de abrir una tienda de discos, que finalmente se convirtió en Virgin Records y puso en marcha el imperio Virgin. Luego, cuando Branson estaba de vacaciones en las Islas Vírgenes, le cancelaron un vuelo. En lugar de esperar una solución, decidió alquilar un avión y ofreció billetes a los otros pasajeros que se habían quedado en tierra. Este fue el nacimiento de Virgin Atlantic. Branson, sin experiencia previa en aerolíneas, se aventuró en una de las industrias más competitivas y reguladas, desafiando a gigantes como British Airways.

La marca Virgin se ha expandido a una variedad sorprendente de sectores, incluyendo telecomunicaciones, salud, *fitness* y hasta viajes en tren. En cada caso, Branson no se detuvo ante la falta de experiencia en estos ámbitos empresariales. Vio una oportunidad para innovar y mejorar la experiencia del cliente, y se lanzó con un claro «sí». De hecho, él mismo se llama el Doctor Yes.

✔ **Tanto la pasión como la actitud son vitales en el emprendimiento,** pero cumplen diferentes roles.

✔ **La pasión es lo que te motiva a empezar algo nuevo con energía y entusiasmo.** Es fundamental, porque te da el primer empujón necesario para emprender cualquier proyecto o negocio. Además, puede ser un diferenciador clave en mercados saturados.

✔ **Tu actitud determina cómo te enfrentas a los problemas** y sigues adelante a pesar de los desafíos. Una actitud positiva y resiliente te ayuda a persistir y adaptarte, manteniendo el proyecto vivo incluso en momentos difíciles.

✔ **Entender la diferencia entre *pasión y motivación* es clave.** La motivación puede ser fugaz, como una llama que se apaga rápidamente; en cambio, la pasión es duradera, como una vela que arde constantemente y sostiene el proyecto a largo plazo.

✔ **Adoptar una «actitud del sí» implica estar abierto a nuevas oportunidades y desafíos,** incluso sin tener todos los detalles resueltos.

3.

VISUALIZA TU ÉXITO Y ENFÓCATE

Para lograr tus metas
debes pensar y sentirlas
como si ya las hubieses logrado,
ese es el poder de la visualización.

HA LLEGADO LA HORA
DE MANIFESTAR TU ÉXITO.

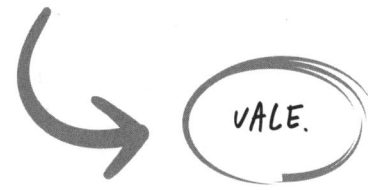

VALE.

Ya sabes cómo inspirarte, cuál es tu espacio en blanco, tu idea y la actitud que hay que tener para que tu proyecto empiece a rodar.

Es el momento de hacerte algunas preguntas clave:

¿HACIA DÓNDE QUIERO QUE SE DIRIJA MI PROYECTO?

....

....

¿CUÁLES SON MIS METAS, TANTO A CORTO COMO A LARGO PLAZO?

....

....

¿QUÉ PASOS NECESITO DAR HOY PARA EMPEZAR A CONSTRUIR EL MAÑANA?

....

....

Si no sabes contestar a estas preguntas, no te preocupes. Es parte del viaje encontrar las respuestas. Lo importante es que tenemos que empezar por algún lado, y ese algún lado es la visualización.

Empieza imaginando tu proyecto. No solo cómo te gustaría que fuese, sino cómo debería ser para alcanzar tus aspiraciones más ambiciosas: ¿sueñas con construir un imperio comercial? ¿O te ves liderando una empresa pequeña, pero sólida?

En este capítulo, veremos cómo la visualización no es solo un ejercicio de fantasía, sino una herramienta poderosa para dar forma y dirección a tu emprendimiento. Aprenderás a usarla no solo para ver tu objetivo final, sino para trazar el mapa que te guiará en cada paso del camino.

- Siembra un pensamiento y cosecharás un ACTO;

- Siembra un acto y cosecharás un HÁBITO;

- Siembra un hábito y cosecharás un CARÁCTER;

- Siembra un carácter y cosecharás un DESTINO.

EL PODER DE LA VISUALIZACIÓN

Es hora de manifestar tu éxito. La visualización en el emprendimiento es como imaginar una película en la que tú eres el protagonista y tu negocio es la gran aventura.

ES COMO SOÑAR DESPIERTO,

↓

PERO CON UN PROPÓSITO.

Te imaginas logrando tus metas más grandes. Por ejemplo, te ves abriendo tu primera oficina, o recibiendo el premio de la *startup* del año. Pero es más que soñar despiertos; es una herramienta que nos motiva y nos prepara mentalmente para nuestros objetivos. Nos ayuda a sentirnos positivos y a planificar cómo superar los obstáculos que podríamos enfrentar para lograr nuestras metas.

Además, no se trata solo de visualizar, sino también de sentir las emociones asociadas con el éxito. **Siente la satisfacción, la confianza y la alegría de alcanzar tus metas.** Así refuerzas tu compromiso y tu enfoque.

No te preocupes, que ahora te explicamos cuál es la mejor forma de hacerlo.

¿Sabías que...?

El día que inauguraron Disneyland, Walt Disney ya había muerto y una reportera le dijo al hermano de Walt: «Qué lástima que tu hermano no pudo ver su sueño hecho realidad». El hermano contestó: «Se equivoca, señorita, todo lo que ve hoy aquí, Walt ya lo había visto antes que nosotros».

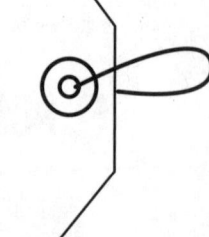

LOS DOS PRIMEROS PASOS HACIA LA VISUALIZACIÓN

VALE... ¡VAS A EMPEZAR A VISUALIZAR! Primero, haz un esquema con todo lo que ya has aprendido para empezar a visualizar tu éxito, y cuélgalo en tu habitación para que puedas verlo nada más levantarte todos los días.

Te dejo como ejemplo nuestro primer esquema para que te inspires:

- **INSPIRACIÓN:** No entiendo las noticias del periódico.

- **ESPACIO EN BLANCO:** Los jóvenes no entienden los medios de comunicación y quieren informarse de otra manera, en sus plataformas de consumo.

- **IDEA:** Voy a hacer un medio de comunicación para *dummies* o, mejor dicho, para la generación Z.

- **ACTITUD:** «Me apasiona mi idea, creo en ella, y voy a ir a por todas».

- **OBJETIVO:** Tener el medio de comunicación más seguido del mundo por la generación Z.

FÁCIL, ¿VERDAD? Pues ahora piensa en aquellas personas a las que admiras, en quién te quieres convertir, e imprime fotos de todo tipo que te recuerden tu objetivo. Pégalas también en tu pared o en un sitio donde puedas ver esas fotos y visualiza tus objetivos cada día.

Si tu idea es una marca de ropa, pega en la pared a empresarios que hayan construido imperios de la moda; si tu negocio es un restaurante, imprime fotos de los mejores cocineros del mundo, etcétera.

La historia de Arnold Schwarzenegger es un ejemplo increíble de visualización, enfoque y superación. Cuando era joven, Arnold tenía un sueño: convertirse en el mejor culturista del mundo y una estrella de cine en Hollywood, a pesar de las adversidades que enfrentó al principio de su carrera debido a su acento y apariencia física poco convencional.

Arnold comenzó su viaje en el culturismo con una visualización poderosa. En su habitación, colgó fotos de culturistas famosos en las paredes, tantas que sus padres llegaron a pensar que era gay. En su documental de Netflix cuenta que, cada día, se levantaba y veía esas imágenes, imaginándose a sí mismo como uno de los mejores culturistas del mundo.

A medida que avanzaba en su entrenamiento, Arnold no solo mejoraba físicamente, sino que también se enfocaba en mejorar su mentalidad. Visualizaba con claridad y confianza su éxito futuro en el mundo del culturismo y del cine.

Al final, Arnold logró su objetivo de convertirse en el mejor culturista del mundo, ganando el título de Mr. Olympia en varias ocasiones, y no se detuvo ahí. También logró su sueño de convertirse en una estrella de cine icónica en Hollywood. Su enfoque y determinación, respaldados por su visualización constante, lo llevaron a superar obstáculos y alcanzar logros inimaginables.

Te vamos a contar una historia increíble que nos pasó a nosotras gracias al poder de la visualización.

Lo cierto es que Dani ya practicaba el poder de la visualización desde pequeñita, mucho antes de fundar Ac2ality. De hecho, su primer trabajo en Naciones Unidas..., ¿crees que fue casualidad? ¡Desde los catorce años tenía pegada en su pared una foto de su icónico edificio en Nueva York!

Pues bien, con unos cincuenta mil seguidores en TikTok —o sea, cuando prácticamente acabábamos de empezar nuestro proyecto—, Gabi y Dani decidieron empezar la visualización conjunta de su idea.

En el verano de 2019 cada una de nosotras nos pusimos un *collage* en nuestra habitación simulando que salíamos en la revista *Forbes*. Todavía no habíamos ni formado una sociedad limitada ni nada, pero pensamos que el hecho de salir en *Forbes* significaría que de una manera u otra, habríamos triunfado.

Sin duda, fue una buena forma de visualizar nuestros objetivos, porque esto es lo que pasó cuatro años más tarde:

¡SALIMOS EN LA REVISTA FORBES EN 2023!

Y no solo eso. Fuimos las únicas que salimos en las dos listas de *Forbes* de 2023: la Best Content Creators y la Lista 100 Creativos.

Otra historia increíble de visualización, la del cheque de dinero que visualizó Dani con la que le gustaría vivir el resto de su vida. Este falso cheque lo hizo en cuanto se decidió el nombre de la empresa: Ac2ality S. L.

Puso: «Cuatro millones de euros».

Y aquí viene «la magia» (o lo que los mediocres llaman «casualidad»). Cuando el gran grupo de comunicación español Atresmedia se interesó por nuestro negocio y vino a vernos a la oficina en la que trabajábamos en ese momento, la empresa aún era muy joven y apenas facturábamos dinero. Pero para hacer la historia corta, les contamos que teníamos muchas ideas y proyectos en la cabeza con los que acabaríamos monetizando, por lo que no íbamos a vender la empresa por poco dinero. Al final, adquirieron el 30 % de Ac2ality, valorando la empresa en exactamente cuatro millones de euros.

De todo esto podemos sacar en claro que **siempre siempre hay que soñar a lo grande,** porque mucho antes de lo que te imaginas puedes llegar a eso que te has puesto en tu panel de visualización. Ah, ¡importante! Incluso cuando el proyecto ya está en marcha, sigue visualizando sueños futuros y haciendo lo posible por llegar hasta ellos.

Algún día, estamos seguras de que veremos este titular en los medios:

«Ac2ality, el medio de comunicación de la generación Z, se vende por 100 millones de euros».

COMO ARIANNA HUFFINGTON, REVOLUCIONAREMOS LA FORMA DE ENTENDER LA COMUNICACIÓN.

Creadora del Huffington Post, uno de los primeros medios digitales.

COMO DANIELLE WEISBERG Y CARLY ZAKIN, EXPLICAREMOS LAS COSAS DE MANERA SENCILLA Y PARA TODO EL MUNDO.

Fundadoras de theSkimm, una de las newsletters más importantes de Estados Unidos.

GENERAREMOS CUATRO MILLONES DE EUROS.

Esa es la valoración que Atresmedia acabó dándole a la empresa en su tercer año, cuando los ingresos eran prácticamente cero.

UNA CHARLA TED. ESO SIGNIFICA QUE TENEMOS REPUTACIÓN, CREDIBILIDAD, Y ALGO MUY INTERESANTE QUE CONTAR. NUESTRA PRIMERA CHARLA TED FUE EL AÑO PASADO.

SALDREMOS EN LA REVISTA FORBES.

¡OBJETIVOS CONSEGUIDOS EN 2023!

MIRA. Básicamente deberías pensarlo de la siguiente manera: TODO, absolutamente TODO lo que pongas en tu panel de visualización ya se ha cumplido porque es algo que tú le estás pidiendo a la vida, al universo. Y él, está ahí para concedértelo. Lo único que tienes que hacer es caminar y esperar a que la energía, el universo, lo materialice. Así que, mientras, visualiza, sigue caminando, y sobre todo, ¡cuidado con lo que pides, porque lo que pides, se cumple!

ENFÓCATE Y DEFINE TU CAMINO

El **foco** es como el motor que impulsa todo este sistema de visualización. Es la capacidad de dirigir tu atención y energía hacia tus metas de manera consistente y concentrada. La visualización establece el destino, mientras que el foco dirige la marcha hacia ese destino. Sin foco, la visión permanece como un sueño lejano.

En la antigua cultura japonesa de los samuráis hay un relato que habla de la importancia de focalizarse y centrarse en los objetivos que tiene uno.

EL APRENDIZ DE SAMURÁI

Un alumno que entrenaba artes marciales con espadas consultó con su mentor, un experimentado samurái:
—Maestro, ¿por qué no he avanzado en mi habilidad? ¿Qué estoy haciendo mal?

El mentor, tras reflexionar en silencio, comenzó a compartir sus pensamientos:

—Discípulo, ¿alguna vez has observado cómo las hojas caen de los árboles durante el otoño?

El joven asintió.

—¿Y has notado a las cigüeñas migrando al sur al acercarse el invierno?

Nuevamente, el alumno asintió.

—¿Has contemplado cómo las olas se estrellan contra la costa?

El discípulo afirmó una vez más.

—¿Y has visto descender suavemente los copos de nieve en las cumbres montañosas con la llegada del frío invernal?

El alumno confirmó, como en las ocasiones anteriores, con seguridad.

El maestro concluyó:

—Ahí radica tu dificultad. Te distraes observando el mundo a tu alrededor. ¿Por qué no te concentras y perfeccionas tu técnica hasta pulirla completamente?

Por ejemplo, si estás lanzando una nueva línea de productos, en lugar de tratar de hacerlo todo a la vez, prioriza los aspectos más críticos, como la investigación de mercado y el desarrollo del producto. Establece estas tareas como tus prioridades principales, y enfoca tu tiempo y recursos en ellas.

1. **Describe tu empresa:** ahora que aún estamos en las primeras etapas del desarrollo de un proyecto, queremos resaltar la importancia de la claridad y la concisión al describir una empresa. Dicen que «un negocio que no

puedas explicar en una servilleta de papel es un problema», y creemos que es totalmente cierto. Tienes que ser capaz de resumir la esencia de tu empresa en una frase o en un discurso breve, lo que se conoce como *elevator pitch*.

2. **Habla siempre en presente:** como ya sabes que lo que se visualiza se cumple y tan solo tienes que esperar a que se materialice, habla en presente: «Tengo la agencia de *marketing* más creativa de España y ayudo a las empresas a adaptarse a la nueva era de inteligencia artificial». Esto es esencial porque no solo ayuda a comunicar de manera efectiva a otros lo que haces, sino que también te obliga a tener una comprensión clara y concisa de tu propio negocio, y te ayuda a poner el foco en lo más importante. Así, vas creando una base sólida para el crecimiento de tu empresa.

3. **Establece objetivos SMART:** son una buena herramienta para establecer metas claras y alcanzables en un negocio. SMART es un acrónimo que se utiliza para describir las características esenciales de los objetivos bien definidos. Aquí está el significado de cada letra:

S

Específicos (*Specific*)

Los objetivos deben ser claros y específicos. Deben responder a las preguntas: «¿Qué queremos lograr?», «¿Por qué es importante?», «¿Quiénes están involucrados?». Deben definir con precisión lo que se busca.

M

Medibles (*Measurable*)

Los objetivos deben ser medibles para que puedas cuantificar el progreso y determinar cuándo se han alcanzado. Pregúntate: «¿Cómo sabré si he tenido éxito?».

A

Alcanzables *(Achievable)*

Los objetivos deben ser realistas y alcanzables. Deben ser desafiantes, pero también factibles. Debes considerar si tienes los recursos y la capacidad necesarios para lograrlos. Y si no, baja un escalón.

R

Relevantes *(Relevant)*

Los objetivos tienen que tener sentido en el contexto más amplio de tu estrategia empresarial. Pregúntate: «¿Contribuye este objetivo a mis objetivos más generales?».

T

Temporales *(Time-bound)*

Debes establecer un plazo o fecha límite para alcanzar tu objetivo. Esto te ayuda a mantener el enfoque y a no posponer las cosas indefinidamente.

EL PLAN DE ACCIÓN

Para aprovechar al máximo la interacción entre visualización y foco, desarrolla un plan de acción que incluya:

Definición de la visión. Establece una imagen clara y detallada del objetivo final.

Metas. Ponte metas y desglosa la visión en objetivos específicos, medibles, alcanzables, relevantes y temporales (SMART).

Desarrollo de estrategias. Piensa en las acciones y los pasos que hay que dar para alcanzar cada meta.

Ejecución con foco. Mantén la atención centrada en las estrategias, ajustando y adaptando lo que sea necesario, según vaya evolucionando el proyecto.

Es importante que tengas siempre en mente que **el centro de tu foco y tus visualizaciones van a ir cambiando, evolucionando y apareciendo otros nuevos según tu proyecto avance.** Así es como tiene que ser y significa que vas por el buen camino. Como diría Arnold Schwarzenegger, tan solo... *KEEP GOING, KEEP GOING* y *KEEP GOING*.

En Ac2ality, pensando en cómo monetizar, cambiamos un poco el foco al crear una nueva línea de negocio a la que llamamos *Conteni2*. Esto fue porque el director de una empresa nos llamó porque le gustaban mucho nuestros contenidos y nos preguntó si le podíamos echar una mano con las redes sociales de su compañía: no sabía cómo gestionarlas, ni cómo crear contenido atractivo. Nos dimos cuenta de que pocas empresas tradicionales, por no decir ninguna, tienen ese *know how* en lo que respecta a redes, y por eso empezamos a visualizar esta nueva línea de negocio: una productora de contenidos. En la actualidad, trabajamos con muchas marcas e incluso producimos anuncios de televisión.

En este punto, ya hemos conseguido crear una pelota lo bastante sólida que está totalmente preparada para empezar a rodar. ¿Y sabes quién va a ser el responsable de darle ese empujón a la pelota para que empiece a rodar sin parar? ¡Lo verás en el siguiente nivel!

✓ **La visualización no es solo soñar despierto;** es una técnica práctica en la que te imaginas logrando tus metas, como abrir tu primera oficina o ganar un premio importante. Te motiva y te prepara mentalmente para los desafíos, ayudándote a planificar y mantener una actitud positiva frente a los obstáculos.

✓ **El foco es la capacidad de dirigir tu atención y tu energía hacia tus metas** de manera consistente y concentrada.

✓ **La visualización establece QUÉ quieres alcanzar y el foco te indica CÓMO llegar allí.** Utiliza objetivos SMART (específicos, medibles, alcanzables, relevantes y temporales) para crear un plan de acción claro.

✓ **Crear un entorno que refuerce tus metas es clave.** Coloca imágenes de tus metas, sueños, objetivos cumplidos, o cheques con cantidades grandes de dinero. Te ayudará a mantener tu visualización presente todos los días.

✓ Al visualizar, **es crucial que sientas las emociones asociadas con el éxito,** como la satisfacción y la alegría. Así refuerzas tu compromiso con tus metas y mejoras tu enfoque, haciéndote mentalmente más fuerte para alcanzar lo que te propones.

CÓMO NARICES FINANCIAR TU IDEA

Trabaja en lo que amas
y el dinero te seguirá.

Ha llegado el momento de responderte a la pregunta que lleva rondándote la cabeza desde que has empezado a leer este libro: ¿cómo narices vas a transformar tu idea en realidad si no tienes un puto duro?

Buena pregunta. Vamos a ver las diferentes rutas de financiación posibles: desde el apoyo de amigos y familiares —lo que en *business* se conoce como *friends & family*—, pasando por préstamos bancarios, hasta llegar a los inversores ángeles y el capital de riesgo. Cada opción tiene sus ventajas y desafíos.

Primero debes saber una verdad como un templo:

NO SIEMPRE LA CANTIDAD DE DINERO
CON LA QUE EMPIEZAS DETERMINA
EL ÉXITO DE TU PROYECTO.

Digamos que es bastante parecido a lo de la calidad de tu idea. No tiene nada que ver con que luego tu proyecto acabe teniendo éxito o no.

Hay historias increíbles de empresas que empezaron con muy pocos recursos y crecieron hasta convertirse en gigantes de su sector. Y también existen proyectos que, a pesar de contar con una gran financiación desde el principio, no consiguieron despegar como se esperaba.

Aunque la financiación puede ser importante, no es ni mucho menos el único factor que define el éxito del emprendimiento.

La creatividad, la determinación y la capacidad de adaptarse y superar obstáculos son igualmente cruciales, sino más.

Así que, ya estés empezando con un presupuesto ajustado o tengas acceso a fondos más significativos, recuerda:

LA FORMA EN QUE UTILIZAS ESOS RECURSOS Y CÓMO MANEJAS TU PROYECTO PUEDE HACER TODA LA DIFERENCIA.

NUNCA HA SIDO TAN BARATO LANZAR UNA *STARTUP*

Durante la Revolución Industrial, necesitabas abrir una fábrica para cambiar el mundo. En la revolución de internet, solo necesitas abrir un ordenador.

Empezar una empresa es, sin duda, una de las mejores maneras de cambiar el mundo. Y lo mejor es que no importa dónde estés, o tu situación. **Eres capaz de construir un negocio increíble.**

Crear algo online es más barato que nunca y lo mejor es que sigue abaratándose. Así que al hablar de lo que cuesta empezar algo hoy en día, realmente hablamos de tiempo. Es tomar la decisión y decir: «¿Sabes qué? Voy a dejar de ver series en Netflix esta noche y voy a sentarme a pensar en este negocio», «Voy a empezar a esbozar prototipos», «Voy a hablar con clientes y a trabajar para entender mejor lo que estoy construyendo y luego empezar a construirlo realmente». Por lo tanto...

> El tiempo es el recurso más valioso para empezar una startup.

Los costes de todo lo demás siguen cayendo gracias a la tecnología y las nuevas posibilidades. **Si inviertes tu tiempo en aprender** —hacer cosas como la que estás haciendo ahora mismo; o sea, leer este libro—, **seguirás mejorando más y más.**

Hoy en día, las ideas o las empresas que captan interés crecen mucho más rápido que antes. El concepto de *emprendimiento* ha cambiado drásticamente en los últimos treinta años; anteriormente, emprender significaba simplemente iniciar un negocio. Ahora, emprender es sinónimo de querer ser un creador. Existía el cliché del artista hambriento porque cuando la gente sabía que te interesaban las artes o la creatividad, generalmente te compadecía y pensaba: «Ojalá le vaya bien». Pero hoy vivimos una nueva era en la que la definición de *emprendedor* es mucho más amplia. Y eso es algo maravilloso y positivo.

VAMOS AL LÍO. Cuando buscas financiación, la realidad es que tienes un montón de opciones. Desde el típico préstamo bancario, pasando por los inversores que buscan «la próxima gran idea», hasta métodos más modernillos como el *crowdfunding*.

CADA UNO TIENE SU ROLLO, Y ELEGIR
BIEN PUEDE MARCAR LA DIFERENCIA.

Para que puedas evaluar cuál se ajusta mejor a tu proyecto, hemos hecho esta tabla en la que te resumimos los puntos clave que deberías saber de cada tipo de financiación:

TIPO DE FINANCIACIÓN	QUÉ ES	VENTAJAS	INCONVENIENTES
Capital propio o *bootstrapping*	Utilizas tu dinero, ya sean tus ahorros o prestado por tus familiares y amigos	Tendrás control total sobre el negocio y, si el dinero es tuyo, cero deudas.	Puedes perder tu dinero y seguramente no tendrás una cantidad ilimitada para invertir en tu negocio.
Préstamos	Pides dinero al banco y lo vas devolviendo con intereses (depende del acuerdo al que llegues).	Te permite hacerte con el dinero que necesitas para hacer crecer tu empresa.	Debes dinero y corres el riesgo de sobreendeudamiento.
Inversores o capital de riesgo	Hay inversores que te dejan el dinero a cambio de acciones o deuda.	Aparte de dinero, los inversores te aportan su experiencia, (consejos, contactos, etc.).	Parte de la empresa deja de ser tuya, tendrás presión de inversores por conseguir los resultados que les has prometido.
Crowdfunding	Muchas personas aportan pequeñas cantidades de dinero para apoyar un proyecto o negocio a cambio de recompensas o acciones.	Permite a los creadores obtener los recursos necesarios para desarrollar sus ideas sin necesidad de un gran inversor o banco.	Es necesario que hagas una campaña exitosa y puedes perder parte de tu empresa si ofreces acciones a cambio.

En nuestro caso, antes de pensar en ganar dinero o en la financiación, pusimos el foco en mejorar nuestro producto y en crear buen contenido para conseguir más y más seguidores. Pensamos que si conseguíamos atraer a cientos de miles o millones de seguidores, Ac2ality conseguiría ganar dinero de una manera u otra. Y en cierto modo, así fue. Pero la realidad es que, al final, no podíamos vivir del aire (ten en cuenta que estuvimos casi tres años sin generar dinero). Por eso, decidimos buscar inversores. Fuimos a agencias de *youtubers* y de representación, a otros medios de comunicación que pudiesen estar interesados en atraer a un público joven, y hasta a fondos de inversión.

> Los socios que busques son clave, y han de ser socios estratégicos, es decir, que tenga sentido que estén en tu empresa.

EVOLUCIÓN DE NUESTRA FINANCIACIÓN

PRIMER INVERSOR

2BTUBE

Agencia líder en conectar con las audiencias jóvenes hispanohablantes y representantes de talento.

A pesar de no dedicarse a la inversión en empresas, 2btube se convirtió en nuestro primer socio tras presentarle nuestro proyecto. Su interés en nuestra visión nos llevó a una colaboración en la que nos ofrecieron financiación y servicios en especie (soporte de editores, equipo comercial, acceso a oficinas y espacios de grabación, entre otros) a cambio de acciones.

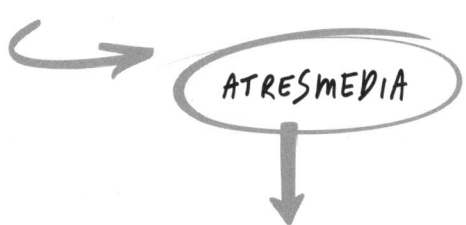

SOCIO ESTRATÉGICO

ATRESMEDIA

Con el crecimiento de nuestro canal y nuestra posición como el canal de noticias más seguido del mundo en español en TikTok, el grupo Atresmedia mostró interés en nuestro proyecto y acabó adquiriendo una alta participación de la empresa (un 35 %). Esta colaboración o *partnership* representó un momento crucial para Ac2ality, señalando el reconocimiento de nuestro trabajo y la alineación con un socio estratégico que compartía nuestra visión de comunicar las noticias a las audiencias jóvenes.

En nuestro caso, la inversión de Atresmedia fue un hito significativo que culminó en la adquisición de la participación de 2btube y otros socios que entraron después, consolidando así una alianza fuerte centrada en potenciar el futuro de Ac2ality dentro del grupo Atresmedia.

Este fue el recorrido de nuestro proyecto, pero ni mucho menos es la única opción. Cada historia es un mundo, y ahora que ya sabes tus opciones, tienes una idea clara y sabes hacia dónde quieres dirigirte, vamos a ver cómo conseguir esa financiación para tu proyecto.

CÓMO Y DÓNDE CONSEGUIR EL DINERO

Paso 1.

Haz que tu mierda destaque entre toda la mierda que hay

Hoy en día, gracias a internet y las redes sociales, **dar a conocer tu idea o negocio es más fácil que nunca.** Puedes usar X, antes Twitter, Instagram, LinkedIn o incluso el correo electrónico para contarle al mundo lo que estás haciendo.

> Pero con tanta información circulando, el verdadero reto es lograr que tu proyecto destaque.

¿El secreto? Transforma tu idea en algo que la gente pueda ver, usar y compartir. Eso es lo que llama la atención y te abre las puertas para encontrar pasta.

> **Me he topado con empresas en Twitter que me han emocionado tanto que terminé contactando con el CEO para reunirnos.**
>
> ALEXIS OHANIAN,
> fundador de Reddit

Pero, ojo, porque para que este tipo de cosas pasen, tener solo una idea no es suficiente. Lo que cuenta es hacerla realidad. **Antes de buscar financiación, es importante tener algo concreto que mostrar, como un prototipo de tu producto o un servicio en funcionamiento.** En nuestro caso, contábamos con una comunidad de seguidores de 800 K antes de buscar apoyo financiero, lo cual fue clave para demostrar que funcionaba y que estábamos comprometidas *a full* en ello.

Al final, tanto para la financiación como para atraer talento, como para lo que sea, es crucial demostrar que estás comprometido y tienes la capacidad de llevar a cabo tu idea. Comparte tus logros, como tu número de seguidores, de clientes satisfechos, el crecimiento de tu proyecto o las buenas reseñas que te hacen.

Y recuerda, mostrar tu pasión por el proyecto es fundamental.

Paso 2.

Gana la puta reunión

De nuevo, tu idea, no importa tanto. **Lo importante es cómo la presentas:** si pretendes que alguien (un inversor, el público a través de un *crowdfunding* o cualquier otra opción) te dé dinero para un proyecto, tienes que conseguir vendérselo de manera atractiva y concisa. Puro *marketing* y puras ventas.

Además, tendrás que conquistar a la otra persona en muy poco tiempo: las reuniones con inversores serán, como mucho, de treinta minutos; y en la presentación de un *crowdfunding* puede que tus posibles donantes solo lean unas cuantas líneas. Deja bien claro desde el principio por qué tu idea es especial.

Alexis Ohanian, que además de cofundar Reddit invierte en muchísimas *startups,* cuenta en sus *masterclass* que normalmente, cuando se trata de aprovechar el mercado, los inversores quieren ver algo que sea fácilmente una oportunidad de varios miles de millones.

Por ejemplo, imagina que tu idea es vender galletas bajas en carbohidratos y ricas en proteínas para ofrecer una solución al trigo refinado. Los productos de este tipo tienen un gran mercado; puedes calcular el tamaño y enviar un mensaje claro: «Si nuestro producto es superior, la gente que demanda una alternativa más saludable, baja en carbohidratos y alta en proteínas, nos comprará. Este mercado ya es grande, así que si ganamos simplemente el 1 % de él, vamos a ganar x dinero... Así de grande es nuestro negocio».

En resumen, lo que tienes que transmitir en los primeros minutos como emprendedor es que tienes una idea que te apasiona y que consideras revolucionaria. Y además, que hay un problema claro, una necesidad clara, y una gran oportunidad de mercado si lo haces bien.

Paso 3.

Sé claro y convincente

Otra cuestión imprescindible es que la comunicación esté por encima de todo. Es importante impresionar y aprovechar al máximo el poco tiempo que tienes; pero, **a veces, las ansias por deslumbrar pueden hacer que, irónicamente, el mensaje pierda claridad.** Queremos sorprender, pero sobre todo queremos transmitir nuestra idea, demostrar que creemos en ella y generar una conexión. Hay que dar a la persona que está al otro lado (sea un gran inversor o un donante de *crowdfunding*) motivos para pensar: «Esto es algo con lo que quiero colaborar, algo que me emociona o incluso algo de lo que podría fardar».

Por ejemplo, la mayoría de inversores coinciden en que lo que buscan es que el fundador y CEO sea convincente. Esto no significa ser extrovertido o carismático. **Es ser persuasivo, demostrar confianza y seguridad en tu mercado, tu producto y tu cliente.** Además, esta actitudes no solo te servirán para convencer a tus inversores. Si creas una empresa, en algún momento vas a necesitar convencer a alguien para que deje su trabajo y se vaya contigo a una *startup* que, en sus inicios, plantea muchos riesgos.

Otro punto importante: no vayas de listo. **No utilices vocabulario complicado.** Vas a tener que explicar tu negocio o idea mil veces a mil personas, sean quienes sean, y no van a ser expertos en esa industria o sector. Como muchos dicen, «negocio que no puedas explicar en una hoja de papel, no es negocio».

> Sé claro y convincente; conoce tu mercado, a tu cliente, y explícalo de forma fácil. Y, como siempre, ¡¡¡ten pasión y créete el proyecto!!! Es la única forma de conseguirlo.

Y por cierto, si ya lo has dado TODO y no te queda energía porque has intentado buscar y buscar financiación, y nada, que nadie te ayuda..., NO TE VENGAS ABAJO. A todos los CEO exitosos les han dicho que NO más veces de las que les han dicho que sí. Lo bueno es que, hoy en día, no siempre necesitas financiación externa para triunfar en lo que te apasiona.

De hecho, piénsalo así: levantar dinero no es un logro, sino una obligación. Si consigues el dinero, vas a tener que vender un porcentaje bastante alto de tu empresa porque eres joven. Muchos inversores recomiendan a los emprendedores recaudar dinero solo como último recurso, cuando sea la única manera de llegar a donde quieren.

Las personas que te van a dar el dinero no lo harán porque les gustes, ¿verdad? Lo hacen porque quieren un retorno en su inversión. Hay miles de ejemplos de empresas que se han vendido por miles de millones de dólares y los fundadores solo tenían el 1 % o el 2 % de la empresa. Sí, 1 % de 1.000 millones es mucho dinero, pero si no hubiesen reunido tanto dinero cuando vendieron, habrían valido mucho más. Tal y como dice Mark Cuban en su *masterclass:* «La única razón por la que sabes quién soy es porque tengo miles de millones de dólares, y la única razón por la que tengo miles de millones de dólares es porque no salí inmediatamente a recaudar dinero».

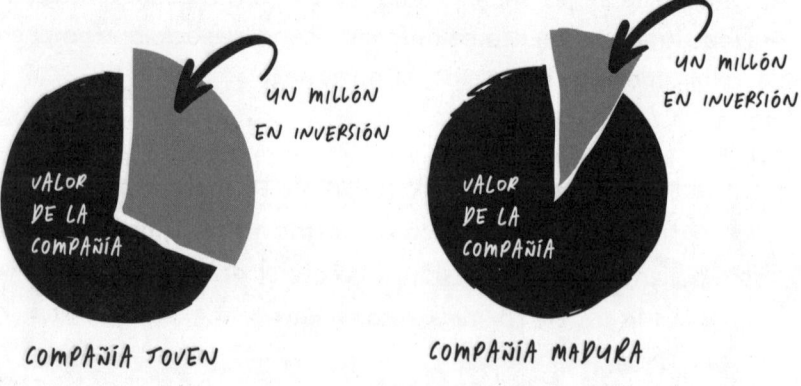

¿ES NECESARIA LA FINANCIACIÓN PARA VIVIR DE LO QUE TE GUSTA?

Claramente, no. La necesidad de financiación para emprender varía mucho dependiendo del tipo de negocio, la industria y la escala a la que quieras operar. Muchos emprendedores exitosos han empezado sus empresas con poco o ningún financiamiento externo. Hablamos de gente como Bill Gates, Jeff Bezos, Larry Page, o Mark Zuckerberg.

Una de nuestras mejores amigas y emprendedoras favoritas, Carmela Osorio, es diseñadora de moda y, tras trabajar para varias empresas, decidió crear su propia marca, llamada Casoná (@shopcasona). Confiaba tanto en su marca y en su visión, que aunque en un principio nos pidió presentarle a gente que quizá pudiese estar interesada e invertir en su proyecto, rápidamente se dio cuenta de que iba a tener que ceder más porcentaje de su empresa de lo que a ella le gustaría. Entonces, dijo un claro «NO» y emprendió su marca sola, literalmente con setecientos euros de ahorros. ¿Cómo? Con su personalidad arrolladora y apasionada y su capacidad de liderazgo conquistó a un par de becarias que aún estaban en la universidad y empezaron a hacer consultoría de diseño y *branding* a varias marcas. Empezó a trabajar en eso por las noches y, por el día, iba creando Casoná. Los fines de semana se iba a Portugal a ver fábricas y telas, y aunque tardó unos dos años en fabricar sus primeras prendas, cuando hizo el evento de lanzamiento de la marca vendió toda su primera colección en pocas semanas. Sin duda, viéndolo desde cerca y desde fuera, su éxito se debe principalmente a la pasión que pone en lo que hace.

Si te dedicas a lo que te apasiona, nunca sentirás que estás trabajando.

Hay miles y miles de ejemplos de personas que han sacado su proyecto adelante sin apenas financiación. Un caso muy conocido es el de la autora J. K. Rowling, quien escribió la saga de Harry Potter mientras enfrentaba dificultades económicas.

Otro ejemplo es el de empresas que empiezan como pequeños proyectos o *hobbies*. Muchas de estas compañías crecieron orgánicamente, reinvirtiendo sus pequeñas ganancias iniciales y evolucionando gradualmente hacia negocios rentables. Ruth y Elliot Handler fundaron Mattel en su garaje en 1945, inicialmente como una empresa que fabricaba marcos de fotos. Más tarde, empezaron a usar los restos de madera de los marcos para fabricar muebles para casas de muñecas, lo que finalmente los llevó a entrar en el negocio de los juguetes, creando la famosa muñeca Barbie.

> Más allá del capital, lo que verdaderamente importa es la habilidad para aprovechar tus recursos, tu creatividad y tu red de apoyo para crear oportunidades y hacer realidad tus sueños.

Por lo tanto, si bien la financiación puede facilitar el camino, **la clave del éxito reside en la pasión y el esfuerzo personal que estés dispuesto a invertir en tu proyecto.**

ABUNDANCIA VS. ESCASEZ

Recuerda esto y aplícalo a tu vida y a tu negocio: **que unos tengan mucho no significa carencia para otros.** En este mundo hay abundancia para todos todos, tan solo tenemos que salir a buscarla y tener la confianza de que la vamos a encontrar.

Para que siempre te acuerdes de esta idea, te dejo esta pequeña historia que Luis Álvarez relata en su libro *El éxito.* [*]

---

[*] Álvarez, Luis, *El éxito,* Martínez Roca, 2015.

MICHAEL Y SU QUESO CON GALLETAS

Tras no encontrar trabajo al acabar la universidad en Nueva York en plena época de crisis, Michael decidió viajar a Londres a buscar fortuna. Para poder emprender el viaje, a Michael solamente le quedaban unas monedas con las que pudo pagar el billete del primer barco que zarpaba, y lo poco que le sobró lo utilizó para comprar una mochila que llenó de queso con galletas, que esperaba fuera suficiente para alimentarse los veinte días y las veinte noches que duraba el viaje. Cada día en el barco, a la hora del almuerzo, mientras sus compañeros de camarote se iban a comer, Michael se retiraba a una esquina a tomar su queso con galletas. No acompañaba nunca a los demás porque le daba vergüenza admitir que no tenía dinero.

Llegando ya casi a Londres, unos compañeros le dijeron:

—Michael, ¿por qué no te vienes a comer hoy con nosotros? Estamos llegando a Londres y así podemos celebrarlo todos juntos.

Michael les confesó el problema que realmente tenía.

—Veréis, compañeros, la verdad es que no tengo nada de dinero y por eso durante todo el trayecto, mientras vosotros ibais al restaurante, yo me quedaba aquí en la habitación tomando de la mochila un poco de queso con galletas que me traje —les dijo.

—¡Pero qué estás diciendo, Michael! —le respondieron los amigos—. Con el billete que compraste está incluido el bufé libre del desayuno, la comida y la cena en el barco. Podías haber comido y bebido todo lo que hubieses querido, lo mismo que hemos hecho nosotros.

Lo que le ocurrió al personaje de Luis Álvarez es lo que nos pasa a la mayoría de las personas. Hay un bufé libre ahí fuera que nos pertenece, y ni siquiera sabemos que está ahí para que nosotros lo disfrutemos. Que no te pase a ti. ¡Sal y llama a todas las puertas que haga falta hasta que encuentres ese bufé que es tuyo! Cuando llegaste a este mundo, ya tenías derecho a él.

¡QUE NO TE PASE COMO A MICHAEL!

✔ **No es necesario contar con mucho dinero para lanzar una *startup*.** En la era digital, el coste de entrada para crear algo online es mínimo. Lo verdaderamente valioso es tu tiempo y cómo lo inviertes.

✔ **Considera todas las opciones disponibles,** desde préstamos familiares, préstamos bancarios, inversores ángeles, hasta el *crowdfunding*. **Cada método tiene sus ventajas y desventajas,** y elegir el adecuado puede ser decisivo para el éxito de tu empresa.

✔ **En un mundo saturado de información, es vital hacer que tu idea o negocio destaque.** Esto implica transformar tu concepto en algo tangible y atractivo que otros puedan ver, usar y compartir, facilitando así la búsqueda de financiamiento y apoyo.

✔ Aunque la financiación puede facilitar el camino, **la clave del éxito reside en la pasión y en el esfuerzo personal** que estés dispuesto a invertir en tu proyecto. De hecho, la financiación debería ser tu último recurso.

✔ **La creatividad, la innovación, el compromiso y la resiliencia** son los verdaderos motores que pueden convertir una pasión en una profesión.

5.

HAZ UN
BUSINESS PLAN

Un objetivo sin un plan
es solo un deseo.

¿QUÉ ES UN *BUSINESS PLAN?*

Un plan de negocios o *business plan* es como un mapa que guía a una empresa: dice adónde quieres ir y cómo planeas llegar allí. Incluye cosas como qué venderás, a quién, cómo lo darás a conocer, quiénes trabajarán contigo y cuánto dinero necesitarás y esperas ganar.

Es como contar la historia de tu negocio, desde dónde empieza hasta dónde quieres que llegue, y todos los pasos que habrás de dar en el camino. Es muy útil para que tengas claro tu objetivo y también para explicar a otras personas —como a tus posibles inversionistas—, tu idea de negocio.

¿Es necesario?

Sí. **Un plan de negocios es esencial, incluso si esperas que tus ingresos iniciales sean cero.** Es un error pensar que existe alguna empresa sin gastos; todos los negocios, sin importar su tamaño o actividad, tienen algunos gastos desde el principio. En definitiva, un buen plan de negocios te ayuda a definir con claridad los objetivos de tu empresa, las estrategias para alcanzarlos, y tus necesidades financieras.

Aunque es cierto que algunos emprendedores logran el éxito sin seguir un plan de negocios formal, especialmente en sectores que cambian rápidamente y valoran la agilidad y la capacidad de adaptarse sobre la marcha más que una planificación detallada a largo plazo, contar con un plan es como tener un mapa del tesoro. Puede que necesites cambiar de dirección, ajustar tus planes, o incluso detenerte o acelerar el paso según las circunstancias. En tu camino, te enfrentarás a obstáculos inesperados: puentes derrumbados, caminos no señalizados que te harán sentir perdido y momentos en los que tendrás que confiar en tu intuición o seguir las indicaciones del trayecto. Habrá veces que viajes en la oscuridad y otras en las que el sol brille tanto que te ciegue, pero es importante recordar que son solo sombras y que el deslumbramiento no debe hacerte perder el rumbo.

> La flexibilidad de tu plan de negocios y la capacidad de adaptarlo a medida que avanzas te permitirán mantener el enfoque en tu meta.

Un CEO que tiene siempre presente su plan de negocios demuestra seriedad, confianza y claridad en sus objetivos. Este tipo de liderazgo atrae a otros a seguirte y apoyarte en la consecución de tus metas. Y nunca lo olvides: **los gastos son cruciales.** Mantener una perspectiva realista sobre los gastos es fundamental para el éxito de cualquier emprendimiento.

¡EMPECEMOS TU BUSINESS PLAN!

Un *business plan* (BP) tiene que estar basado en el histórico de productos o servicios similares que hay en el mercado. Piensa que las tendencias del público no las marcamos nosotros, sino que la gente va a seguir consumiendo de una manera similar y automática a como lo está haciendo.

Es distinto si piensas en un producto que no existía y creas la necesidad de lanzarlo, que es lo que hizo Steve Jobs con el iPhone. No existía ese producto, pero nos creó a todos la necesidad de usarlo. Pero no te rayes, esto son palabras mayores: casos así son únicos en la historia, e incluso el mismo Jobs se basó en el mercado de la telefonía móvil tradicional para prever lo que podría vender.

Lo normal es que intentes averiguar, preguntar a gente que haga productos o provea de servicios parecidos a los tuyos, y conocer sus facturaciones, su ebitda y sus porcentajes de beneficio sobre facturación. Si no se te ocurre ningún contacto no pasa nada, porque hoy en día muchas empresas comparten detalles sobre sus logros y desafíos en sus canales o en redes sociales. Otra idea es ir a eventos del sector para conocer a otros emprendedores y preguntarles directamente sobre sus experiencias.

¿Sabías que...?

Ebitda es un acrónimo que significa *earnings before interest, taxes, depreciation and amortization* («ganancias antes de intereses, impuestos, depreciaciones y amortizaciones»).

EBITDA = INGRESOS − GASTOS.

Mira... Warren Buffett, uno de los inversores más importantes del mundo, define el concepto de éxito económico de la siguiente manera:

> «Rico es aquel que consigue que sus ingresos siempre superen sus gastos».

Esta es su primera regla, y dice que él solo sigue dos reglas.

> «La segunda regla es que nunca se te olvide la primera».

En nuestro caso, teníamos a un amigo que trabaja de comercial en un periódico muy conocido de nuestro país. Así que pensamos que era la persona correcta para preguntarle algunos datos que nos ayudaran a crear un plan de negocio realista. Nuestro punto de partida fueron el número de seguidores y suscriptores que tenía ese periódico, y lo que, de media, las marcas llegaban a pagar por una publi, una colaboración o *branded content* en su medio. En cuanto a los gastos, era fácil: nuestros sueldos, los móviles y aros de luz necesarios para crear y editar los contenidos, y las aplicaciones que necesitábamos para todo el proceso (Canva, CapCut, Videoleap, etc.).

Pues venga... Para empezar tu BP comienza con algo muy sencillo. Esta tabla es un modelo muy básico que muestra cómo se pueden organizar los ingresos y los gastos en un BP inicial. Las cantidades son ejemplos y vas a tener que ir ajustándolas según la realidad de tu negocio y el mercado en el que operas. Contar con un registro así es indispensable para arrancar un negocio, y para ello

Excel es muy práctico, ya que usando las fórmulas de suma y resta se pueden calcular automáticamente el total de ingresos, gastos y el saldo final.

Esta tabla debería incluir las cincuenta y dos semanas del año o, si lo prefieres para empezar, simplifica un poco y hazlo mensualmente.

CONCEPTO	DESCRIPCIÓN	€
Ingresos		
Ventas	Por ventas de productos y servicios	10.000
Servicios	Por consultoría o servicios profesionales	5.000
Gastos		
Alquiler	Coste de alquiler de espacio de oficina	−2.000
Salarios	Pagos a empleados	−3.000
Marketing	Gastos en publicidad y promoción	−1.000
Suministros	Material de oficina y otros suministros	−500
Producción	Coste de materiales para productos	−2.000
Servicios	Gastos en servicios como internet, electricidad...	−800
Total		5.700

Este es un esquema muy básico, pero podría incluir muchos otros elementos. Los detalles dependerán de las necesidades de cada negocio: en nuestro caso, como ofrecemos un servicio digital, no necesitamos incluir muchos elementos más, pero puede que en tu negocio tengas que tratar con proveedores o distribuidores y que tengas gastos o ingresos específicos de tu modelo de empresa.

> Al final, el BP debe ser como un traje hecho a medida para ti, así que incluye todo lo que consideres relevante para tu negocio y no tengas miedo a adaptarlo para que funcione de la mejor manera contigo.

MÁRGENES EN EMPRESAS: SERVICIOS VS. PRODUCTOS

Los márgenes en un negocio muestran cuánto ganas por cada venta. Por ejemplo, si compras algo por diez euros y lo vendes por quince, tu ganancia es de cinco euros. El margen porcentual se calcula dividiendo la ganancia entre el coste y multiplicando por 100. En este caso, tu margen de ganancia sería del 50 %.

Margen = precio de venta - coste de producción

Margen porcentual = (ganancia/coste) × 100

Los márgenes son cruciales porque **determinan la viabilidad financiera de una empresa** e indican cuánto está ganando realmente esa empresa después de cubrir costes.

En las empresas de servicios, donde el principal valor ofrecido es tu habilidad o tu tiempo, los márgenes suelen ser muy altos. Idealmente, estas empresas deberían apuntar a **márgenes del 80 %, 90 % o incluso 95 %**. La razón es que, en esencia, «estás pagándote a ti mismo». Para crecer, estas empresas necesitan invertir en contratar a más personal cualificado, lo cual también es un reflejo del coste de expandir la capacidad de servicio.

En las empresas que venden productos, los márgenes dependen mucho del tipo de producto y del mercado al que se dirigen. Por ejemplo, si vendes productos de consumo en grandes cadenas de tiendas, es probable que operes con márgenes bajos, pero con un alto volumen de ventas. Es fundamental conocer bien tus números, porque los costes pueden incluir no solo la producción, sino también *marketing* y colocación del producto. Por ejemplo, los mejores sitios en las tiendas (cerca de los mostradores) suelen tener un coste *premium* que debe considerarse en el cálculo del margen.

Muchos emprendedores intentan acelerar demasiado el proceso de crecimiento de sus negocios. Buscan expandirse muy rápido y piensan que deben alcanzar cifras de ventas millonarias en poco tiempo. Sin embargo, lo más importante es mantener el negocio a flote y generar ganancias que cubran los gastos.

> Lo crucial no es solamente lo grande que es el negocio, sino si es rentable y sostenible. Es vital gestionar la empresa de manera que pueda seguir operando incluso si surgen problemas.

LOS 4 ELEMENTOS CLAVE DE UN BUEN BP

Usando estos cuatro elementos clave, puedes crear un BP sólido y realista para tu empresa, asegurándote de que entiendes tu mercado, tienes un plan claro para hacer dinero, sabes cómo vas a operar y tienes expectativas realistas sobre tus finanzas.

	QUÉ ES	EJEMPLO
Análisis de mercado	Se trata de entender bien a quiénes vas a vender tu producto o servicio (tu público), quiénes son tus competidores y cómo se comporta el mercado.	Imagina que tu empresa de zapatillas se centra en personas jóvenes que aman el deporte y la moda urbana. Descubres que a estos jóvenes les encanta el diseño innovador y la comodidad, pero no encuentran muchas opciones asequibles. Tus competidores principales son grandes marcas, pero muchos de sus modelos son demasiado caros. Esto te da una pista: puedes destacar ofreciendo zapatillas con diseños únicos, cómodas y a buen precio.
Modelo de negocio y estrategia de monetización	Consiste en decidir cómo va a ganar dinero tu empresa. Incluye lo que vendes, a cuánto lo vendes y cómo lo vendes.	Tu empresa vende zapatillas directamente a los consumidores a través de Instagram. Para ganar dinero, decides ofrecer ediciones limitadas de zapatillas diseñadas en colaboración con artistas locales. Esto atrae a los clientes y te permite mantener precios competitivos, gracias a la venta directa en internet, eliminando los costes de las tiendas físicas.
Plan operativo	Incluye los detalles de cómo vas a producir, almacenar y enviar tus productos o cómo vas a proveer tus servicios.	Fabricas tus zapatillas en colaboración con una fábrica ética en Vietnam, asegurándote de que la calidad sea alta y se respeten los derechos de los trabajadores. Mantienes un inventario limitado en un almacén local y usas una empresa de mensajería rápida para entregar las zapatillas directamente a la puerta de tus clientes.
Proyecciones financieras	Son cálculos sobre cuánto dinero esperas ganar y gastar. Incluyen ventas esperadas, costes de producción...	Calculas que venderás 10.000 pares de zapatillas el primer año a un precio medio de 80 €. Los costes de producción, envío y *marketing* son 40 € por cada par de zapatillas. Esto significa que esperas ganancias antes de impuestos y otros gastos de 400.000 € en el primer año. También proyectas aumentar las ventas en un 20 % cada año durante los próximos cinco años.

✔ **Un plan de negocios te ayuda a definir y clarificar tus metas;** es como un mapa que muestra dónde quieres llegar con tu negocio y cómo planeas hacerlo. Debe expresar seriedad, confianza y claridad, atrayendo a otros a apoyar la visión de la empresa.

✔ **No importa si al inicio no generas ingresos;** todos los negocios tienen gastos desde el principio. Un buen plan te ayuda a identificar y manejar estos gastos.

✔ **Tu BP debe adaptarse a cambios y situaciones inesperadas.** Es vital mantener la capacidad de modificarlo en función de lo que necesites en el camino.

✔ **Básate en datos reales.** Para un BP realista, es útil investigar el mercado, incluyendo facturaciones y beneficios de empresas similares. Este enfoque basado en datos proporciona una base sólida para tus proyecciones financieras.

✔ **Crea un *flash report* o documento visual** que resuma el estado actual de la empresa y su dirección futura. Puede ser una herramienta muy poderosa para el seguimiento y la presentación de tu negocio.

LA GESTIÓN
ES CLAVE

La colaboración, el trabajo en equipo y el apoyo mutuo no son solo elementos deseables en el mundo de los negocios..., son esenciales.

El éxito no se logra de la noche a la mañana; se construye día a día, tarea a tarea. Empieza con una visión y conviértela en realidad **mediante esfuerzo constante y decisiones inteligentes.**

Implementar una gestión efectiva en tu nueva empresa es crucial para su crecimiento y para el éxito a largo plazo. Pero antes de enfocarnos más en eso de la gestión, nos gustaría empezar este capítulo con el mito que hay tras el cuadro *Manos que oran* del famoso pintor Albrecht Dürer (más conocido en nuestro país como Alberto Durero).

En el siglo XV, cerca de Núremberg, Alemania, vivía una familia con muchos hijos. El padre trabajaba casi 18 horas diarias en las minas de carbón para mantenerlos. Dos de los hijos soñaban con ser pintores, pero sabían que su padre no podía pagar la Academia. Decidieron lanzar una moneda: el que perdiera trabajaría en las minas para pagar los estudios del otro. Albrecht Durero ganó y se fue a estudiar, mientras que su hermano trabajó en las minas por cuatro años para financiarlo.

Albrecht destacó en la Academia y empezó a ganar dinero con su arte. Cuando regresó a casa, propuso pagar los estudios de su hermano, pero este respondió que era demasiado tarde. El trabajo en las minas había destruido sus manos, haciéndole imposible manejar un pincel.

Hoy, los trabajos de Albrecht Durero están en museos de todo el mundo. En honor a su hermano, Albrecht dibujó las famosas manos maltratadas, con las palmas unidas y los dedos apuntando al cielo.

Esta historia es para que nunca se te olvide que **nadie, absolutamente nadie en la vida, triunfa solo.** Por eso todas las personas tenemos que ser siempre humildes. Este principio básico debe ser tu fundamento principal en la dirección de tu empresa y en tu liderazgo.

LÍDER: persona que tiene un equipo que sabe que es capaz de hacer realidad sus sueños.

GUÍA PARA ESTABLECER UNA BUENA GESTIÓN DESDE EL PRINCIPIO

1. **Define tu visión y tus objetivos**

¿Qué quieres lograr? ¿Cuál es el propósito de tu negocio? Establece objetivos SMART que te ayuden a llegar allí.

2. **Construye un equipo sólido**

La gente correcta puede hacer que tu empresa despegue. Busca personas no solo con las habilidades adecuadas, sino también aquellas que compartan tu visión y pasión.

= Un equipo comprometido y motivado será tu mejor activo.

3. **Establece procesos claros**

Una gestión efectiva depende de tener procesos claros en todos los aspectos del negocio. Esto incluye desde la producción hasta el servicio al cliente, pasando por las finanzas y el *marketing*.

= Los procesos claros ayudan a evitar malentendidos y aseguran que todo el equipo sepa qué hacer y cuándo hacerlo.

4. Crea una cultura empresarial positiva

La cultura de tu empresa es el conjunto de valores y prácticas compartidos por todos en la organización. Desarrolla una cultura que fomente la innovación, el respeto, el trabajo en equipo y un equilibrio saludable entre trabajo y vida personal.

= Una cultura positiva atrae y retiene talento, motiva a tu equipo y mejora el desempeño general.

5. Fomenta la comunicación abierta

La comunicación efectiva es esencial en cualquier empresa, pero especialmente en una que acaba de empezar. Crea un ambiente donde el equipo se sienta cómodo compartiendo ideas, preocupaciones y éxitos.

= Una comunicación abierta y honesta contribuye a resolver problemas rápidamente y a innovar.

6. Adáptate

La gestión efectiva también significa estar dispuesto a ajustar tu curso según sea necesario. Monitorea regularmente el desempeño de tu empresa frente a tus objetivos. No tengas miedo de hacer cambios en tus planes, procesos o incluso en tu equipo, si es necesario para mantener el rumbo hacia el éxito.

7. Prepárate para crecer

Desde el principio, piensa en cómo tu negocio puede crecer en el futuro. Esto significa tener sistemas que puedan expandirse con tu empresa y estar siempre buscando nuevas oportunidades de mercado.

El punto 2 (construye un equipo sólido) es, sin duda, uno de los más importantes. Cuando todos en tu equipo creen en la misión de la empresa, trabajan con un propósito unificado. Esto se traduce en una mayor dedicación y esfuerzo colectivo para alcanzar los objetivos, tus objetivos. Es como si todos estuvieseis visualizando lo mismo, y por lo tanto, inevitablemente, manifestando el éxito.

Un equipo apasionado
estará constantemente buscando formas
de mejorar y llevar la empresa al siguiente nivel.
¡ESO ES EXACTAMENTE LO QUE NECESITAS!

Puede que a estas alturas no tengas la pasta para contratar a nadie. No importa. Como hemos dicho, al principio vale con empezar con un socio, un amigo, un compañero de viaje..., alguien que comparta tu visión y crea en ella tanto como tú. Verás que poco a poco, sobre todo si estás creando algo guay, más y más personas empezarán a llamar a tu puerta: colaboradores, becarios, soñadores... Cuando tienes claros tus objetivos y tus ideas, parece que la vida te va poniendo en el camino a las personas que te ayudarán a hacer tus proyectos realidad.

LOS CONTACTOS NO SON TAN IMPORTANTES

¿Cuántas veces hemos escuchado eso de que tener buenos contactos es clave, imprescindible, a la hora de emprender? Está claro que conocer a las personas correctas puede ayudarte a moverte rápido, encontrar a quien te apoye y hasta conseguir clientes. Una red de contactos sólida puede abrir puertas, facilitar alianzas estratégicas y ser una ventaja competitiva en cualquier sector. Pero ¿sabes qué? No es ni de lejos crucial.

Muchísimos emprendedores llegan lejos sin una gran lista de contactos. Con ideas frescas, productos o servicios que la gente ama y, sobre todo, con un equipazo. Como acabamos de ver, tener un equipo que trabaje con pasión es oro puro, y eso es mucho más importante que los mejores contactos. Cuando se transmite tanto entusiasmo por alguna idea, a la peña le entran ganas de ayudarte.

POR ESO, PARA SACAR EL MAYOR PROVECHO DE
TUS RELACIONES, TIENES QUE HABER RECORRIDO
PREVIAMENTE LOS PASOS ANTERIORES.

Esto no significa que ahora cojas y digas «de puta madre, paso de todo el mundo». No, no y no. Siempre tienes que intentar expandir tu red de contactos: sé curioso, escucha, interésate por las personas, **pregunta, pregunta y pregunta,** conoce..., pero no te vengas abajo ni creas que es un impedimento emprender sin contactos.

Y recuerda: es muy fácil encontrarte viviendo la vida de otros en vez de la tuya si dejas que te comprometan en todos sus actos sociales y si no tienes el carácter y la fuerza de voluntad para decir que no.

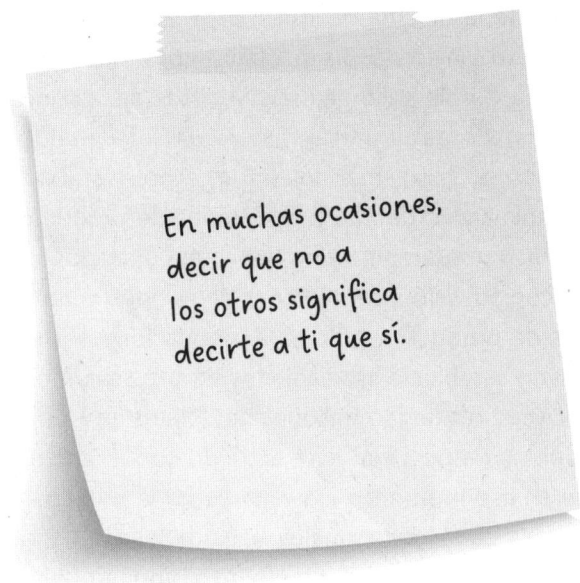

En muchas ocasiones,
decir que no a
los otros significa
decirte a ti que sí.

Resumiendo: no te preocupes tanto por hacer contactos. Mejor enfócate en lo tuyo y en seguir tu pasión y tus objetivos. Eso es lo que al final te va a llevar al éxito. Y te aseguramos que en ese camino vas a terminar conociendo exactamente a las personas que necesitas.

UNA GESTIÓN EFECTIVA: LA RESURRECCIÓN DE APPLE

Como hemos visto, una buena gestión implica mucho más que simplemente supervisar un equipo o administrar recursos. Se trata de establecer una visión clara, tomar decisiones basadas en datos, adaptarse a los cambios con agilidad y, lo más importante, liderar con empatía e inspiración.

Un ejemplo emblemático de cómo una buena gestión puede rescatar a una empresa de las garras del fracaso es la historia de Apple a finales de la década de 1990. Bajo la dirección de Steve Jobs, quien regresó a la compañía que había cofundado después de años de ausencia, Apple pasó de estar al borde de la bancarrota a convertirse en una de las empresas más valiosas del mundo.

Cuando Jobs retomó el mando en 1997, Apple estaba bastante mal. La compañía sufría debido a decisiones de productos cuestionables, mucha competencia y no había una dirección clara. Entonces, Jobs, con su visión, tomó varias decisiones cruciales: simplificó la línea de productos, enfocó la innovación en unos pocos proyectos clave y estableció asociaciones estratégicas, incluida una inversión de Microsoft de 150 millones de dólares en Apple. La capacidad de Jobs para negociar este acuerdo con Microsoft —una empresa que en ese momento era vista como la principal rival de Apple— muestra sus excepcionales habilidades de negociación. Consiguió no solo una inyección de efectivo, sino también el compromiso de Microsoft de continuar desarrollando *software* clave para el sistema operativo de Mac, lo cual era esencial para mantener la lealtad del usuario y atraer nuevos clientes.

Además de su capacidad para tomar decisiones difíciles, también supo inspirar a su equipo y revivir la innovación como el núcleo de la cultura de Apple. Esta transformación no solo salvó la empresa, sino que también la preparó para lanzar productos revolucionarios como el iPod, el iPhone y el iPad, redefiniendo industrias enteras en el proceso.

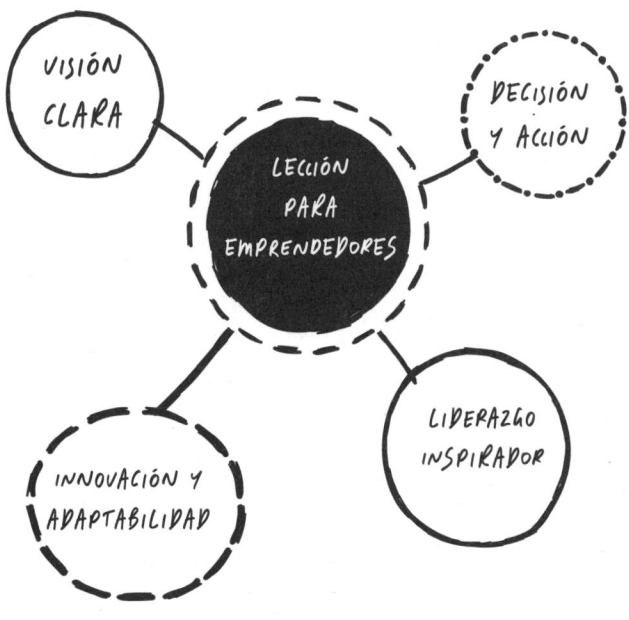

UN GIGANTE CAÍDO POR UNA GESTIÓN INEFICAZ: BLOCKBUSTER

Lo contrario también sucede: la falta de adaptación y de visión de futuro puede llevar a una empresa dominante a su desaparición.

En su apogeo, Blockbuster era líder indiscutible del mercado de alquiler de vídeos, con miles de tiendas en todo el mundo. Sin embargo, a pesar de su dominio, no logró adaptarse a los cambios en la industria del entretenimiento, particularmente al auge del contenido digital y los servicios de *streaming*.

Blockbuster (fundada en 1985) creció rápidamente, pero luego, a medida que internet empezó a cambiar la forma en que las personas accedían al entretenimiento, la empresa enfrentó grandes desafíos. La llegada de servicios de *streaming* como Netflix marcó el comienzo de un cambio sísmico en la industria.

¿Por qué falló? Primero, subestimó la amenaza que representaba el *streaming* y la conveniencia de la entrega de contenido digital. A pesar de que tuvieron la oportunidad de comprar Netflix por una suma relativamente pequeña en los primeros años, decidieron no hacerlo, una decisión de la que más tarde se arrepentirían hasta la saciedad.

Además, Blockbuster continuó invirtiendo en sus tiendas físicas y en el modelo de alquiler tardío, incluso cuando era evidente que el negocio no iba por ahí. Esta resistencia al cambio demostró ser un error irreparable.

Así, la empresa empezó a perder su relevancia y, en 2010, se declaró en bancarrota. Cuando intentó cambiar, ya era demasiado tarde.

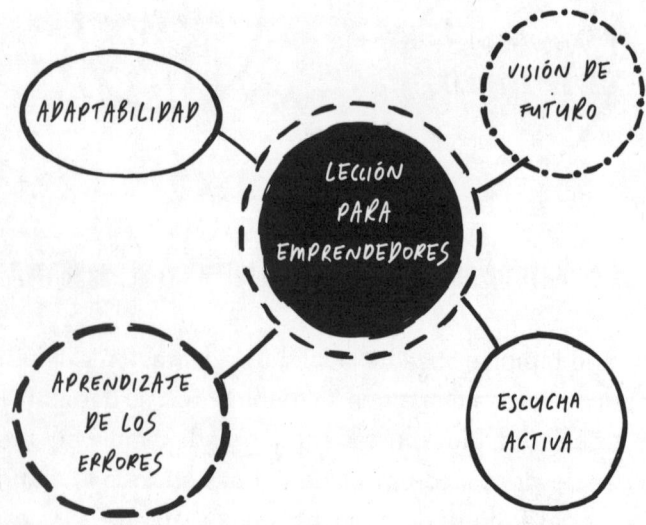

SIEMPRE VAS A TENER UN JEFE: TU CLIENTE

Tu cliente es el que manda. Si no le ofreces algo que le sirva, se irá con quien sí lo haga. Pero ¿cómo evitar que eso te pase? Pues simple: **pon a tu cliente en el centro de tu negocio.** Imagina que tu empresa es un videojuego y tu cliente es el héroe de la aventura. Tú estás para ayudarle a ganar, a conseguir lo que busca. Si lo haces bien, tú también ganas.

Al final, si te enfocas en dar a la gente lo que realmente necesita y quiere, no solo tendrás clientes satisfechos, sino fans que hablarán maravillas de ti. Y esa es la mejor publicidad que existe. No hay post en redes sociales ni anuncio de televisión que pueda superar a un cliente feliz recomendando tu negocio.

Así que, ya sabes, gestiona tu empresa con la oreja bien puesta en lo que dicen tus clientes y con la humildad para cambiar lo que sea necesario. Así es como creas algo no solo exitoso, sino también querido por la gente. Y eso, en el mundo de los negocios, es como tener el combo perfecto en un videojuego: te hace prácticamente invencible.

Recuérdalo siempre:

NO ERES TAN IMPORTANTE.

> **Todo el mundo va a lo suyo,**
> **menos yo, que voy a lo mío.**
> DICHO POPULAR

Nos gustaría terminar este capítulo con una teoría budista que se relaciona con cómo vemos a los demás y cómo eso cambia a medida que crecemos, algo que puede ayudarte bastante en el mundo de los negocios.

La teoría del 18/40/60 de Jack Canfield*

Cuando tienes 18 años, te preocupa un montón lo que los demás piensen de ti. Quieres caer bien, ser parte del grupo, porque sientes que es clave para triunfar y ser feliz.

Luego, al llegar a los 40, empiezas a preocuparte menos por las opiniones ajenas. Ya has construido tu personalidad y, aunque sigues valorando a los demás, su opinión no te define.

A los 60 te das cuenta de algo superliberador: en realidad, la mayoría estaba demasiado ocupada con su propia vida como para fijarse tanto en ti.

MORALEJA: cuando tienes un negocio, es imposible gustar a todo el mundo. Lo importante es gustar a las personas adecuadas, a las que harán que tu idea siga creciendo y mejorando día tras día. ¿Un truquillo...?

*Sé fiel a ti mismo
y transmite tu pasión.*

* Canfield, Jack, *Los principios del éxito*, RBA, Barcelona, 2005.

TAKEAWAYS... ¡Y A POR EL SIGUIENTE NIVEL!

✔ **Es importantísimo reconocer y valorar el aporte de cada individuo en el logro de los objetivos.** Nos enseña que el éxito es un esfuerzo colectivo, que debemos ser humildes y valorar el sacrificio y el apoyo mutuo.

✔ **Establecer una visión y objetivos claros es fundamental para guiar el crecimiento y alcanzar el éxito** a largo plazo, ya que proporcionan una dirección y metas alcanzables que motivan y mantienen al equipo enfocado.

✔ **El equipo es el corazón de tu empresa.** Es crucial seleccionar a personas que no solo posean las habilidades necesarias, sino que también compartan la visión y la pasión por el proyecto. Un equipo comprometido y motivado es esencial para el éxito.

✔ **La capacidad de adaptarse a los cambios y poner al cliente en el centro del negocio es vital.** Puede determinar el éxito o el fracaso de una empresa.

✔ **Promover una cultura que valore la innovación, la comunicación abierta, el respeto mutuo y un equilibrio saludable entre el trabajo y la vida personal** puede atraer y retener el talento, además de impulsar la productividad.

7.

INNOVA Y ADÁPTATE A LOS CAMBIOS

Si quieres ser bueno, haz lo
que te dicen que debes hacer;
pero si quieres ser grande, innova.

El mundo va cada vez más deprisa. Y el mundo de los negocios más aún. La globalización e internet han eliminado muchas barreras geográficas, permitiendo a las empresas de cualquier tamaño acceder a mercados globales con mayor facilidad. Vamos, que ahora hay mucha más competencia y por eso a las empresas no les queda otra que adaptarse más rápidamente.

Además, **los clientes también han cambiado las reglas del juego.** Ya no quieren lo de siempre; buscan cosas hechas solo para ellos, y las quieren ya. Todo esto hace que las empresas tengan que ser como superhéroes, siempre listas para dar el salto y atender esas necesidades al instante.

La innovación no es algo que haces una vez y ya está; es una carrera sin línea de meta. Siempre hay que estar buscando nuevas ideas y formas de hacer las cosas. Y la adaptabilidad es como aprender a bailar bajo la lluvia: no puedes parar solo porque el tiempo cambia.

En este capítulo vamos a ver historias superinspiradoras de empresas que han aprendido a surfear estas olas. Algunas construyen tablas de surf más rápidas y otras aprenden a leer en el agua para saber hacia dónde ir. Pero todas tienen algo en común: **nunca dejan de moverse.**

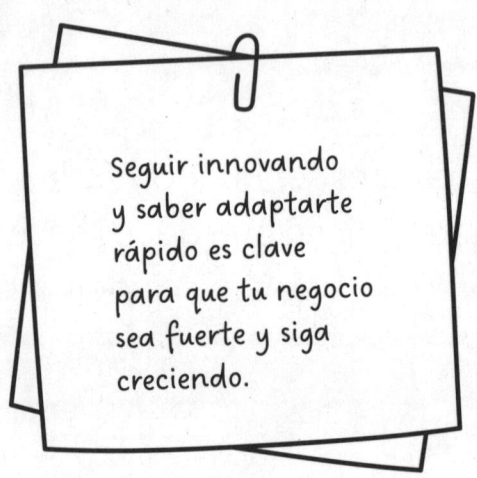

Seguir innovando y saber adaptarte rápido es clave para que tu negocio sea fuerte y siga creciendo.

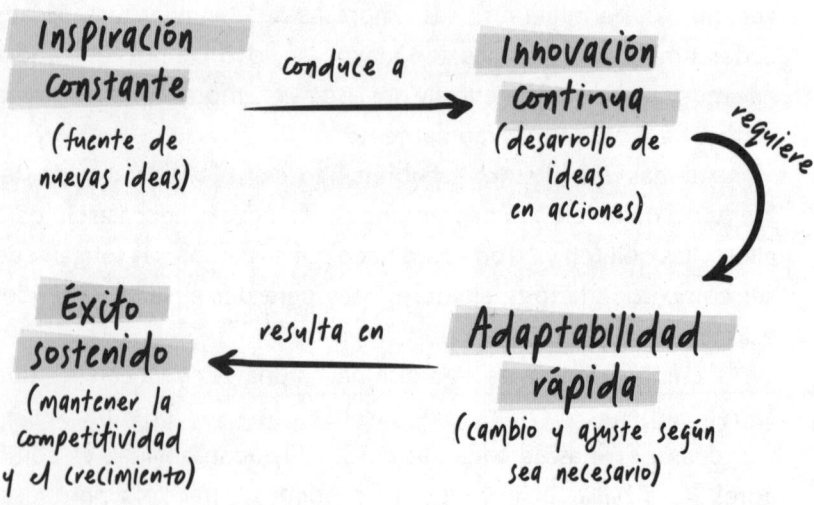

Inspiración constante
(fuente de nuevas ideas)

conduce a

Innovación continua
(desarrollo de ideas en acciones)

requiere

Adaptabilidad rápida
(cambio y ajuste según sea necesario)

resulta en

Éxito sostenido
(mantener la competitividad y el crecimiento)

INNOVACIÓN VS. ADAPTABILIDAD

Innovar y *adaptarse* son dos conceptos clave para los emprendedores. *Innovar* significa crear algo nuevo, ya sea un producto, un servicio o una forma de hacer las cosas. Es lo que hace que una *startup* destaque y capte la atención. Por su parte, *adaptarse* implica cambiar o ajustar lo que ya estás haciendo para responder mejor a los desafíos o necesidades del mercado.

En el mundo de las *startups,* la innovación atrae clientes e inversores, mientras que la adaptabilidad asegura que la empresa pueda sobrevivir y prosperar ante cambios y competencia.

> **Las *startups* exitosas logran un equilibrio entre innovar para liderar el mercado y adaptarse para ser relevantes y mantener su solvencia.**

En nuestra historia también hay algo de esto. Nuestra idea innovadora era crear un medio de comunicación que hablase nuestro lenguaje, con un nuevo formato con el que realmente entendiéramos de una manera sencilla lo que estaba pasando en el mundo. En ese momento, TikTok aún no lo estaba petando ni muchísimo menos y todavía ni existían los *reels,* por lo que nuestra primera idea fue explicar las noticias en formato esquema en una *newsletter* que enviábamos los lunes por email (no, no se la leía ni Cristo).

Nos dimos cuenta de que la gente cada vez leía menos y los jóvenes buscábamos más y más la inmediatez. Fue entonces cuando Gabi dio con la primera tecla: contar las noticias en formato vídeo y utilizar TikTok como plataforma para difundir nuestra idea innovadora.

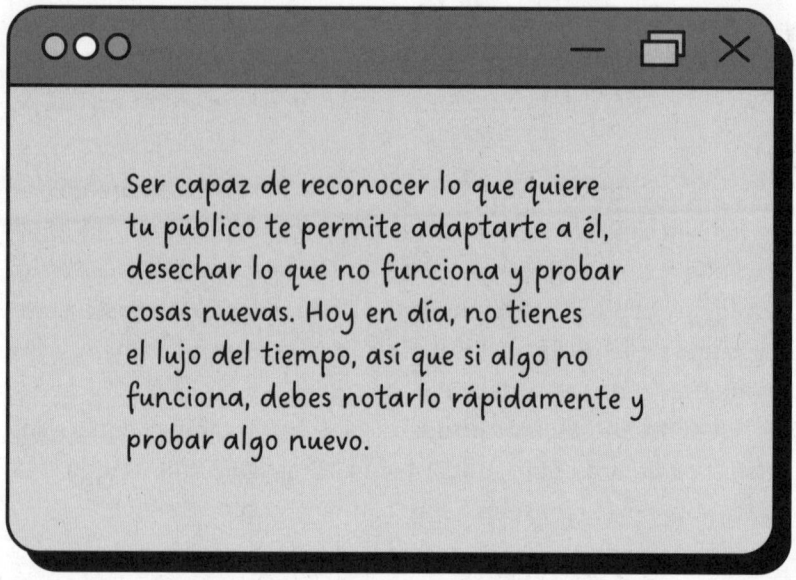

Ser capaz de reconocer lo que quiere tu público te permite adaptarte a él, desechar lo que no funciona y probar cosas nuevas. Hoy en día, no tienes el lujo del tiempo, así que si algo no funciona, debes notarlo rápidamente y probar algo nuevo.

Aunque ahora parezca obvio, en aquel momento, en TikTok solo había contenido tipo bailes y no existía ningún tipo de referencia de cómo comunicar la información, ni ideas de cómo editar los vídeos en ese tipo de formato. Y, por supuesto, todavía no había ningún medio, ni ninguna marca, ni ningún periodista haciendo este tipo de contenidos.

INNOVACIÓN DISRUPTIVA

¡Buenas noticias! Las *startups* y los emprendedores están en una posición única para liderar la innovación disruptiva. Al no estar atados a los modelos de negocio tradicionales o preocupados por afectar negativamente a los productos existentes, tienen la libertad

de explorar ideas radicales y vías de innovación que las empresas establecidas podrían evitar. Esta agilidad y la disposición para correr riesgos les permiten introducir nuevas tecnologías y modelos de negocio que pueden transformar sectores enteros, creando nuevas oportunidades de mercado y redefiniendo lo que es posible.

Uno de los ejemplos más emblemáticos de innovación disruptiva en el siglo XXI es, sin duda, Netflix. La historia de esta empresa es un claro testimonio de cómo la disposición a innovar y adaptarse puede llevar a una empresa desde un modelo de negocio relativamente simple hasta revolucionar una industria entera.

 **1997**

El origen: tener una idea

Reed Hastings y Marc Randolph fundan Netflix. Cuenta la leyenda que la idea surgió después de que a Hastings le cobraran una tarifa de cuarenta dólares por devolver tarde una película alquilada en una tienda de vídeos. Frustrados con el modelo de multas por retraso, Hastings y Randolph, empezaron a explorar alternativas para el alquiler de vídeos que no penalizaran a los usuarios de esta manera.

 **Moraleja:** la idea de negocio no tiene que ser compleja para ser revolucionaria. Incluso las frustraciones cotidianas pueden ser el catalizador para innovaciones disruptivas.

agosto 1997

La innovación inicial: alquiler de DVD por correo

Netflix comenzó como un servicio de suscripción que permitía a los usuarios alquilar DVD por correo con un sistema de tarifa plana, lo que significaba que los clientes podían olvidarse de las tarifas de retraso. Este modelo fue disruptivo porque cambió la forma en que las personas consumían contenido multimedia, ofreciendo comodidad y una amplia selección de títulos.

Moraleja: la innovación puede ser mejorar un servicio existente, haciendo que sea más fácil y atractivo para los usuarios. Eliminar barreras comunes, como en este caso las tarifas por retraso, puede ser un factor diferencial importante en mercados competitivos.

2007

Adaptación y crecimiento: del correo al *streaming*

Lo que realmente distingue a Netflix es su capacidad para adaptarse y evolucionar. En 2007, Netflix comenzó a ofrecer un servicio de *streaming*, permitiendo a los usuarios ver contenido instantáneamente en sus ordenadores. Fue una idea revolucionaria, y llegó en un momento en que la velocidad de internet ya permitía soportar *streaming* de vídeo. Al principio, la selección de películas y series era limitada, pero la ventaja de poder verlas sin esperar a la entrega de un DVD por correo captó la atención de los consumidores.

Moraleja: la adaptabilidad es clave para el crecimiento a largo plazo. Observar tendencias tecnológicas y estar dispuesto a pivotar el modelo de negocio cuando sea necesario puede abrir nuevas vías de crecimiento y mantener a la empresa relevante en un mercado en constante cambio.

Revolución en la industria: líderes en *streaming*

A medida que avanzaba la tecnología y mejoraba la infraestructura de internet, Netflix continuó expandiendo su biblioteca de *streaming* y mejorando la calidad de su servicio. La compañía también comenzó a producir contenido original de calidad, como *House of Cards* y *Stranger Things,* lo cual no solo aumentó su popularidad, sino que también cambió la manera en que se producen y distribuyen series y películas.

Netflix transformó la industria del entretenimiento, desafiando a las cadenas de televisión tradicionales y a los estudios de cine.

Moraleja: invertir en la creación de contenido propio fue parte de una gestión claramente efectiva que no solo atrajo a más clientes, sino que también puso a la empresa como líder de opinión y tendencia en su industria. Mantener una cultura de innovación y estar siempre en la búsqueda de cómo mejorar, adaptar y expandir la oferta de la empresa puede llevar a la creación de mercados completamente nuevos y redefinir industrias enteras.

LA INNOVACIÓN DISRUPTIVA NO ES UN EVENTO ÚNICO, SINO UN PROCESO CONTINUO.

QUE HABLEN MAL, LO IMPORTANTE ES QUE HABLEN...

Es mejor que hablen de ti, porque si no, significa que no estás haciendo nada relevante.

Cuando arrancamos nuestro negocio, es obvio que queremos que se haga muy popular y que todo el mundo hable de él. Lo bueno es que hoy en día, con las redes sociales, tenemos herramientas para conocer nuestro entorno y hacer que los demás nos conozcan a nosotros.

Eso sí. Con la popularidad también vienen ciertos riesgos, y es importante conocerlos para poder convertir estas amenazas en oportunidades.

LA MAGIA DE LAS REDES SOCIALES

A pesar de todos los beneficios, muchos dicen que las redes sociales actúan como un arma de doble filo para las empresas en la era digital, sobre todo por la rapidez con la que se difunde la información y se forman opiniones públicas. Entre los **impactos negativos,** la difusión rápida de críticas y polémicas, la desinformación y los rumores, la presión por respuestas inmediatas o la sobresaturación de la información.

Pero cuál es la magia de las redes sociales...

OBSERVA EL ESQUEMA:

ALCANCE

El *marketing* nunca ha sido tan barato. Una campaña de *marketing* exitosa o contenido viral puede mejorar significativamente el reconocimiento de la marca y atraer nuevos clientes. En nuestro caso, TikTok nos permitió crear una empresa gastando cero euros en darnos a conocer.

CONTACTO DIRECTO

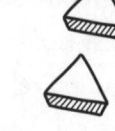

Proporcionan una plataforma para la interacción directa y personalizada con los clientes, lo que puede mejorar la satisfacción del cliente, el *engagement* y la lealtad hacia la marca.

REDES SOCIALES

MONITOREO DE TENDENCIAS Y OPINIONES

Las redes sociales nos aportan datos sobre las tendencias del mercado y las opiniones de los consumidores.

FEEDBACK INMEDIATO

Las empresas pueden recibir *feedback* inmediato sobre sus productos o servicios, lo que les permite realizar ajustes rápidos y eficientes.

Pero lo cierto es que la mayoría de los nuevos emprendedores necesitan las redes sociales para todo: para darse a conocer, vender su producto, crear comunidad... Y, además, todas esas críticas son desmontables con una frase muy conocida que utilizan los ingleses: «Any press is good press» («Cualquier prensa es buena prensa»).

Esto significa que no existe la mala publicidad. Hablar de algo, ya sea bien o mal, puede ser bueno. Y esto se debe a que hace que más gente se fije en una marca o producto, y aunque lo que se diga no sea positivo, puede hacer que la gente se interese más y quiera saber más sobre tu producto o servicio, lo que podría hacer que más personas lo compren o usen.

> La única manera de evitar las críticas es no hacer nada, no decir nada y no convertirse en nadie.

¡Anda que no habremos recibido nosotras críticas por «copiar información», «plagiar medios de comunicación» o «desinformar»! De hecho, en varios artículos de medios tradicionales hemos salido en portada como «un polémico medio» o «el medio que hace publicidad encubierta». Lo mejor de todo es que gracias a este segundo titular, muchos directores de *marketing* y agencias que nunca antes habían oído hablar de nuestra existencia y que estaban interesados en llegar a la generación Z nos llamaron interesados en conocer más sobre nuestros servicios.

La clave, entonces, no está en evitar la crítica, sino en saber adaptarse a ella. Es simplemente un aspecto más del mundo dinámico en el que operan las empresas hoy en día. Lejos de desmotivarte, tienes que ver estos desafíos como oportunidades para aprender, crecer y demostrar la resiliencia y la adaptabilidad de tu proyecto.

Precisamente, los proyectos innovadores suelen enfrentarse a las críticas de aquellos que se aferran a modelos de negocio más tradicionales. Innovaciones disruptivas como Uber, Cabify, Spotify y Netflix, en su momento, fueron vistas como amenazas por industrias establecidas, precisamente porque desafiaban el *statu quo* (*aka* lo establecido, lo tradicional). Sin embargo, estas empresas demostraron que...

CREATIVIDAD VS. COMPETITIVIDAD

¿Has escuchado alguna vez eso de «ya está todo inventado»? Pues *spoiler*:

> No está todo inventado;
> al contrario: está todo por hacer.
>
> +

Aunque parezca que ya está todo inventado, lo cierto es que siempre hay espacio para nuevas ideas y proyectos. Como bien decía Walt Disney, hay dos tipos de personas: las creativas y las competitivas. Las personas creativas siempre van un paso por delante porque no pierden tiempo viendo qué hacen los demás. En cambio, las competitivas se distraen mirando a los lados, preocupadas por lo que hacen sus rivales, y eso les quita el foco de lo importante.

¿POR QUÉ SER CREATIVO? Ser creativo es imaginar cosas nuevas y diferentes. Es pensar en lo que nadie más ha pensado y hacer cosas que nadie más ha hecho. Los creativos son líderes porque no siguen el camino de todos; hacen su propio camino. Asumir riesgos y probar cosas nuevas puede ser difícil, pero es así como nacen las grandes ideas.

¿QUÉ PASA AL SER COMPETITIVO? Ser competitivo no está mal, pero si solo te enfocas en ganar a los demás, puedes olvidarte de mejorar tu propio juego. La competencia te hace querer ser mejor, pero no debería apartarte la vista de tu meta principal: hacer algo valioso y único para tus clientes.

LO MEJOR ES UN MIX. Mezcla la creatividad con un poquito de competitividad. Usa tu creatividad para soñar y crear, y tu espíritu competitivo para hacer esas ideas realidad de la mejor manera posible. Los mejores emprendedores son los que inventan cosas nuevas y luego trabajan duro para hacerlas realidad, siempre pensando en cómo pueden hacerlo mejor.

LA INNOVACIÓN Y LA ADVERSIDAD VAN DE LA MANO

A menudo, las situaciones más complicadas son las que nos empujan a pensar de manera diferente, las que nos sacan de nuestra zona de confort y nos llevan a buscar soluciones fuera de lo común. Estas circunstancias desafiantes pueden convertirse en la chispa que enciende la creatividad, llevándonos a descubrir caminos innovadores que antes no habíamos considerado.

La historia nos muestra que detrás de grandes invenciones y avances siempre hubo un desafío que superar.

LA HISTORIA DE OLE KIRK CHRISTIANSEN

Ole Kirk Christiansen fue un carpintero que vivió la dura época de la Gran Depresión. Su negocio principal era la construcción de casas y muebles, pero la crisis económica golpeó con dureza su taller. Frente a la adversidad, Christiansen encontró una luz de esperanza en los restos de madera que le sobraban: hacer juguetes. Aunque al inicio eran un complemento, poco a poco se convirtieron en el centro de su negocio.

Transformó su taller en un espacio de imaginación y creación. La curiosidad y la necesidad lo empujaron a explorar posibilidades que no habría considerado en tiempos de abundancia. Así, esos pequeños juguetes de madera fueron el principio de algo mucho mayor. Ole no solo construyó juguetes; construyó una marca que simboliza la creatividad y la capacidad de adaptación: LEGO.

LEGO se acabó convirtiendo en un icono de cómo los desafíos pueden ser el trampolín hacia la innovación y el éxito. Su legado ha sido enseñarnos que con los bloques de LEGO no solo se construyen figuras y estructuras, sino también sueños, habilidades y, sobre todo, que la creatividad surge a menudo de la necesidad de sobrevivir y la valentía de preguntar: «¿Qué más puedo hacer con esto?».

Gracias a emprender hemos tenido la suerte de conocer a muchas personas importantes y con historias increíbles detrás. Hace poco entrevistamos a uno de los emprendedores más exitosos de nuestro país, el fundador y CEO de Abonoteatro, y el dueño del Teatro Caixabank Príncipe Pío, Luis Álvarez. Nos contó la historia perfecta para cerrar este capítulo. Así que... ¡allá va!

Luis lleva cuarenta años dedicándose al mundo del espectáculo y de los musicales. Él y sus hermanas dejaron la universidad para perseguir su sueño: actuar. Empezaron a recorrer los colegios de España disfrazados de titiriteros, haciendo pequeñas obras de teatro para niños. Así surgió una pequeña empresa familiar que años más tarde quebraría a raíz de los atentados del 11M. La gente dejó de ir al teatro y después de muchas montañas rusas, éxitos y fracasos, dinero y ruina, gracias a su constancia, visión e innovación, Luis ha conseguido cambiar las reglas del juego en el entretenimiento y revolucionar el sector del espectáculo y los musicales.

Su empresa Abonoteatro cuenta con cientos de miles de suscriptores. Ofrece una tarifa plana que permite a cualquiera ir a cientos y cientos de espectáculos y musicales al año. Luis ha cambiado el modelo de gestión cultural y, ahora, su próximo reto es llevar Abonoteatro a todos los países del mundo para, como él mismo nos ha dicho, «democratizar el entretenimiento y convertirse en el Netflix del teatro».

En nuestra conversación, Luis nos contó una leyenda que, según él, todo emprendedor debe conocer y aplicar en algún momento de su carrera.

LA LEYENDA DEL ÁGUILA Y SU RENOVACIÓN

Se dice que el águila, cuando alcanza la mitad de su vida —alrededor de los cuarenta años—, debe tomar una decisión crucial para poder vivir hasta su edad máxima (aproximadamente los setenta años).

A los cuarenta años, el águila se enfrenta a un estado físico deteriorado: sus garras se vuelven demasiado largas y flexibles para cazar de manera efectiva, su pico largo y curvado se inclina hacia su pecho, y sus plumas envejecidas y pesadas hacen difícil el vuelo. Ante esta situación, el águila tiene solo dos opciones: esperar la muerte o enfrentar un doloroso proceso de renovación que durará ciento cincuenta días.

Para renovarse, el águila debe volar a lo alto de una montaña y refugiarse en un nido cerca del acantilado donde no necesite volar. Una vez allí, el águila comienza el proceso golpeando su pico contra la roca hasta que logra arrancarlo. Luego, debe esperar a que crezca un nuevo pico, con el cual arrancará sus viejas garras. Cuando las nuevas garras crecen, estas le sirven para desplumar su viejo plumaje. Después de cinco meses de dolor y sufrimiento, el águila renueva completamente sus garras, su pico y su plumaje, lo que le permite vivir otros treinta años más.

El mensaje es que las empresas, pero también las personas, para convertirse en su mejor versión, van a tener que enfrentar periodos de dificultad y desafíos. Tenemos que ver estos periodos simplemente como **oportunidades para innovar, reinventarse y renovarse.** Y aunque el proceso puede ser doloroso, es necesario para la supervivencia y el éxito a largo plazo.

✔ **La innovación no es un evento único, sino un proceso continuo, sin fin.** Es crucial mantener una fuente constante de ideas nuevas y transformarlas en acciones que mejoren y diferencien a la empresa en el mercado.

✔ **Adaptarse no es simplemente reaccionar a los cambios, sino anticiparlos y ajustarse proactivamente.** Ser ágil y capaz de adaptarse rápidamente a los cambios en el mercado y a las preferencias de los consumidores es esencial para el éxito a largo plazo.

✔ **Las *startups* exitosas necesitan un equilibrio entre innovación** (que les permite ser líderes) **y adaptabilidad** (para mantenerse solventes y relevantes).

✔ **Las redes sociales y las plataformas digitales son esenciales** no solo para aumentar la visibilidad y el alcance, sino también para interactuar de manera directa y personalizada con los clientes, recibir *feedback* inmediato y monitorizar tendencias y opiniones.

✔ **El objetivo no es evitar la crítica.** De hecho, la crítica puede significar que estás en el camino correcto. ¡Adáptate a ella y sácale el máximo provecho!

8.

NO TIRES LA TOALLA Y SÉ CONSTANTE

Puedes tardar muchos años en tener éxito de la noche a la mañana.

Si quieres manejar tu propio negocio, la **resiliencia** (ser fuerte para aguantar los golpes) y la **constancia o determinación** (seguir adelante sin rendirte) son superimportantes, ESENCIALES para que tu negocio crezca y dure muuuuuucho tiempo.

La verdadera magia ocurre cuando mezclas ambos factores. La resiliencia proporciona la flexibilidad mental para adaptarse a los cambios y aprender de los fracasos, mientras que la constancia asegura un compromiso inquebrantable con la visión y los objetivos establecidos. Juntas, forman un dúo dinámico que potencia la capacidad de un emprendedor para enfrentar la incertidumbre. Cultivar estas cualidades no solo ayuda a los emprendedores a superar los desafíos, sino que también los prepara para aprovechar las oportunidades que esos mismos desafíos pueden revelar.

> Mientras que la resiliencia te permite enfrentar y superar las adversidades, la constancia te ayuda a seguir trabajando avanzando hacia tus objetivos a pesar de ellas.

RESILIENCIA VS. CONSTANCIA

	RESILIENCIA	CONSTANCIA Y DETERMINACIÓN
Definición	Capacidad de adaptarse a los cambios y recuperarse rápidamente de los contratiempos.	Determinación para mantener el esfuerzo y el enfoque a lo largo del tiempo, a pesar de los desafíos.
Cuándo se aplica	Después de enfrentar un fracaso o desafío.	Siempre, persiguiendo metas y objetivos, incluso cuando el progreso parece lento o hay obstáculos.
Cómo se aplica	Ajustando estrategias, aprendiendo de los errores y viendo los fracasos como oportunidades de crecimiento.	Manteniendo el enfoque en la meta final, trabajando de manera consistente y superando la procrastinación.

La historia de un monje budista y una mariposa, arraigada en la tradición del monasterio de Dharamshala, nos enseña una poderosa lección sobre la importancia de la constancia y de la resiliencia, especialmente en el ámbito del emprendimiento. En un mundo lleno de obstáculos para alcanzar el éxito, esta historia nos recuerda que enfrentar dificultades no solo es parte de la vida, sino también clave para nuestro desarrollo.

LOS GUSANOS DE SEDA COMO EJEMPLO DE VIDA

En el corazón de Dharamshala, un lugar donde la espiritualidad se entrelaza con el ciclo natural, los gusanos de seda y su metamorfosis en mariposas son vistos como uno de los milagros más fascinantes de la naturaleza. A los niños que dedican su infancia a prepararse para ser monjes les cuentan siempre esta leyenda basada en la transformación de las orugas en mariposas. Dice así...

Una vez, un niño que estaba observando cómo se abría el capullo de seda de uno de los gusanos y viendo cómo la mariposa forcejeaba para intentar salir, pensó que lo mejor era ayudarla, y con unas pequeñas tijeras rompió el resto del capullo hasta abrirlo en dos partes para que la mariposa pudiese salir fácilmente.

La mariposa salió, pero no conseguía levantar vuelo.

El niño la empujaba con su dedo para animarla, pero lo único que consiguió fue que la mariposa, incapaz de levantar el vuelo, finalmente terminase muriendo. El joven aprendiz de monje no entendía qué es lo que había pasado y por qué a pesar de su ayuda la mariposa había muerto.

Junto a él se encontraba su maestro espiritual, quien le explicó exactamente lo que había pasado.

—Verás, le dijo. La transformación de la oruga en mariposa es el mejor ejemplo que nos enseña la naturaleza de lo que son las vicisitudes para el ser humano. La mariposa necesita el forcejeo y la fuerza que emplea para romper el capullo para fortalecer sus alas. Sin esas dificultades, sin ese forcejeo, las alas no consiguen tener la fuerza necesaria para levantar el vuelo. Por eso tu mariposa murió. No dejaste que se desarrollara. Es ley de vida que la mariposa supere todas esas dificultades.

Tras un breve silencio, el maestro prosiguió:

—Lo mismo te pasará a ti el día de mañana. Vas a vivir muchas vicisitudes, pero todas ellas son necesarias para que te hagas un gran hombre. Si yo apartase esos peligros de tu camino y te dejase vivir sin afrontar ni un solo problema, serías débil, delicado, incapaz de levantar el vuelo por ti mismo. Para poder volar como las águilas y no permanecer como un pato en el pantano, tendrás que superar todos los problemas y contrariedades que se te planteen en la vida.

LAS CLAVES PARA NO RENDIRTE

> El éxito es pasar de un fracaso a otro sin perder el entusiasmo.

Recuerda que empezar un negocio es como lanzarte a una aventura donde tienes que ir con todo y a por todas. Es decidir que vas a seguir adelante, pase lo que pase. Es marcarte un objetivo y prometerte que no vas a quitar los ojos de él.

Conciénciate de que el camino será duro, pero que vas a seguir a pesar de todo. Sé consciente de que tu primera tentación de abandonar llegará en tan solo unas semanas o meses. Lo importante es que reconozcas que no será la única.

Básicamente, es como subir una montaña muy alta: sabes que el camino será complicado, que habrá momentos en los que pensarás en dar la vuelta y bajar, pero también sabes que cada paso te acerca a la cima.

Para embarcarte en el viaje hacia el éxito, recuerda estos principios fundamentales DESDE EL COMIENZO.

1. **Ten un compromiso total.** Desde el primer día, tienes que estar seguro de tu idea y de ti mismo. Tienes que estar dispuesto a dedicarle toda tu energía y tu esfuerzo, incluso cuando las cosas se pongan difíciles.

2. **Ten expectativas reales.** Está bien ser ambicioso, pero fijar metas inalcanzables puede hacer que nos desanimemos al ver que no conseguimos llegar a ellas.

3. **Ten confianza en el proceso.** Tienes que confiar en que si te mantienes trabajando y luchando, las cosas van a mejorar. Puede que tu idea cambie un poco, que tengas que ajustar tu plan, pero eso es parte del proceso.

4. **Ten la mente abierta a las sorpresas, porque seguro que llegarán.** Con constancia, tarde o temprano, las sorpresas agradables llegan. Y a veces, las sorpresas vienen de los lugares más inesperados. Puede que encuentres una oportunidad nueva mientras buscas solucionar un problema, o que algo que no salió como esperabas te abra una puerta que no sabías que existía.

El coronel Harland David Sanders fundó Kentucky Fried Chicken (KFC) a los sesenta y cinco años. Su historia es un verdadero relato de perseverancia ante la adversidad. A pesar de enfrentar numerosos reveses —incluidos un incendio que destruyó su gasolinera, el cierre de su restaurante por la construcción de una nueva carretera que desvió el tráfico y el rechazo a su receta de pollo frito—, Sanders no se rindió. Viajó incansablemente, ofreciendo su receta, hasta que finalmente encontró el éxito. Su historia demuestra que, con fe en uno mismo y persistencia, se pueden superar grandes dificultades y alcanzar logros extraordinarios.

¿Sabías que el bambú es una planta que tiene un patrón de crecimiento único?

Cuando plantas una semilla de bambú, durante los primeros años, ves muy poco progreso. No importa cuánto lo riegues, cuánto cuidado le des, el bambú no crece más allá de unos pocos centímetros de la superficie del suelo. Durante estos primeros años, todo el crecimiento es subterráneo; una compleja y robusta red de raíces se extiende profundamente bajo tierra para soportar el peso de lo que vendrá después.

Después de cuatro o cinco años de aparente estancamiento, algo increíble sucede. En un periodo de tan solo seis semanas, el bambú chino alcanza más de treinta metros de altura. Toda esa energía acumulada en el sistema radicular se libera finalmente, permitiendo un crecimiento rápido y espectacular.

Esta maravilla de la naturaleza se aplica a los negocios y a la vida personal. En un nuevo emprendimiento puede que no veas el éxito inmediatamente. Podrías estar trabajando duro cada día sin resultados aparentes.

Pero si aprendes de tus errores, ajustas tus estrategias y no renuncias a tus esfuerzos, estarás construyendo tus «raíces», los cimientos de tu empresa.

¿Y qué son exactamente estos «cimientos» en el mundo del emprendimiento? Pues se establecen con acciones que, aunque no se traducen en resultados inmediatos, son cruciales para el éxito a largo plazo:

1. Construir una **red de contactos y colaboradores.**

2. Informarse sobre el **panorama actual** del campo en el que trabajas. Eso significa mantenerse al día en lo que respecta a tendencias, tecnologías emergentes, dinámicas del mercado, etcétera.

3. Invertir en tu **desarrollo personal y profesional** a través de cursos, talleres, o simplemente de la lectura continuada.

Seguir un **método de prueba y error,** esto es, experimentar con nuevas herramientas digitales, técnicas de *marketing*, o modelos de negocio que pueden revelar caminos inesperados hacia el éxito.

Dedicar el tiempo y la atención necesarios a construir estos cimientos puede hacer que, al igual que el bambú, tu negocio experimente un crecimiento explosivo una vez que todo esté listo para sostenerlo.

A veces, sobre todo hoy en día, cuando parece que somos más impacientes y queremos que las cosas salgan bien a la primera, pensamos en tomar atajos para lograrlo. Pero **ir demasiado rápido puede causar problemas.** Imagina una planta de bambú que intenta crecer sin tener buenas raíces; probablemente se caerá. Así pasa con un negocio que quiere crecer sin tener una base sólida. Lo importante es **encontrar un equilibrio entre el plazo que pones a tus objetivos y tener paciencia.**

Si te apuras mucho, puedes encontrarte con problemas. Por ejemplo, si vendes un producto sin saber si a la gente le gustará, o si haces tu negocio más grande sin tener todo lo necesario para manejarlo, puede ser un lío. También si aumentas tu equipo muy rápido sin generar antes un buen ambiente de trabajo podría haber problemas entre las personas que colaboran contigo.

> No sacrifiques hacer las cosas bien por hacerlas rápido. Tanto en los negocios como en la vida misma, es mejor ir paso a paso, asegurándote de que aquello que construyes crecerá fuerte.

La clave está en reconocer el valor de esas tareas aparentemente pequeñas y en mantener la fe en el proceso, sabiendo que cada esfuerzo te acerca un paso más a tu objetivo.

EL PODER DE LA DISCIPLINA

El éxito es la aplicación diaria de la disciplina.

Puedes tener una idea brillante, pero sin disciplina, esa idea no llegará lejos.

La disciplina es nuestra capacidad de hacer cosas incluso cuando no tenemos ganas. Es seguir adelante con nuestro plan, día tras día. Es la fuerza que nos empuja a seguir trabajando en nuestro proyecto, incluso cuando preferimos estar haciendo otra cosa.

Los 4 primeros pasos hacia la disciplina

1.	**Establece objetivos claros**	Define de manera precisa lo que quieres lograr. Tener un objetivo claro te ayuda a mantener el enfoque y te motiva a avanzar.
2.	**Crea una rutina**	Desarrolla hábitos y rutinas que fomenten la disciplina diaria. Levántate pronto, estira diez minutos, come bien, haz deporte, duerme ocho horas, acuéstate a las diez y lee unas páginas de un libro antes de dormir.
3.	**Celebra las pequeñas victorias**	Reconoce y celebra cada pequeño logro en tu camino. Esto no solo te motivará a seguir adelante, sino que reforzará tu comportamiento disciplinado.
4.	**Rodéate de personas disciplinadas**	La influencia de personas disciplinadas puede ser muy poderosa. Busca amigos, mentores o colegas que compartan tu dedicación al trabajo y te inspiren a mantener tu disciplina.

Es cierto que la disciplina no es algo que se logre de la noche a la mañana, pero con práctica y dedicación, se puede desarrollar.

¿Las *good news*? Que la disciplina no depende tanto de tu fuerza de voluntad, sino de la construcción de sistemas y de rutinas que facilitan la toma de decisiones correctas de manera consciente. Es decir, que depende, en gran medida, de tu entorno.

La disciplina depende más de tu entorno que de tu fuerza de voluntad.

Un conocido estudio, publicado en *The New England Journal of Medicine*, realizó un seguimiento a 12.067 personas durante 32 años y descubrió que «las probabilidades de que una persona se volviera obesa aumentaban en un 57 % si tenía un amigo que se volvía obeso».

Esta historia real es increíble y refleja la importancia de nuestro entorno.

LOS SOLDADOS ADICTOS A LA HEROÍNA

Dos congresistas estadounidenses fueron a visitar a sus tropas durante la guerra de Vietnam (1955-1975) y descubrieron que más del 15 % de los soldados estadounidenses habían desarrollado adicción a la heroína (investigaciones posteriores que sometieron a todos los soldados estadounidenses en Vietnam a pruebas de adicción revelarían que el 40 % de los militares habían probado la heroína y casi el 20 % eran adictos).

El descubrimiento conmocionó a la opinión pública y provocó una oleada de actividad en Washington. El mismo presidente Richard Nixon decidió crear una nueva institución, denominada Oficina de Acción Especial para la Prevención del Abuso de Drogas, para promover la prevención y la rehabilitación de drogodependencias y también para investigar las trayectorias de los militares adictos cuando volvían a casa.

Fue esta última parte, el seguimiento de los soldados que regresaban, la que dio lugar a algunas ideas sorprendentes.

Lee Robins, uno de los investigadores encargados del seguimiento de los veteranos, descubrió que cuando los soldados con adicción regresaban a Estados Unidos solo el 5 % de ellos volvía a ser adicto a la heroína. Vamos..., que el 95 % superó su adicción casi de la noche a la mañana.

> *¿La conclusión? En Vietnam, los soldados estaban ro-*
> *deados de un entorno que los impulsaba a consumir heroí-*
> *na. No es difícil imaginar cómo vivir en una zona de gue-*
> *rra con otros heroinómanos puede llevarte a probarla. Sin*
> *embargo, cuando regresaba a casa, la mayoría se encontró*
> *en un entorno completamente distinto en el que no había*
> *ningún estímulo que favoreciera el consumo de heroína.*

Pero, ¡ojo!, que el entorno nos condicione no significa que no podamos hacer nada para lidiar con las dificultades que nos presenta. Muchas veces es imposible hacer cambios radicales en nuestro entorno para convertirlo en algo idóneo para el desarrollo de nuestro proyecto, pero aquí os proponemos cuatro *tips* para adaptarlo y mejorarlo todo lo posible:

1. **Identifica los estímulos negativos.** En nuestra vida cotidiana, ciertos elementos pueden empujarnos hacia decisiones poco disciplinadas. Reconócelos y trabaja para minimizar su impacto.

2. **Crea el entorno adecuado para tus metas.** Organiza tu espacio de trabajo para fomentar la concentración, rodéate de personas que comparten tus objetivos, incluso cambia de entorno físico si lo consideras necesario.

3. **Genera pequeños cambios que traigan grandes resultados.** Cambios aparentemente pequeños pueden tener un gran impacto. Por ejemplo, tener a la vista fruta en vez de galletas te recuerda que tienes que empezar a comer mejor.

4. **Rodéate de apoyo.** Cuando empiezas a hacer cambios en tu vida para ser más disciplinado y mejorar es como si enviaras una señal al mundo de quién quieres ser. Al hacerlo, verás cómo empiezas a atraer a personas que piensan como tú, que tienen las mismas ganas de mejorar y alcanzar sus objetivos. Es como si formaras un equipo donde todos se apoyan y se animan a seguir adelante. Este círculo de gente que piensan igual que tú no solo hace que la vida sea más agradable, sino que también te ayuda a mantener la disciplina y a seguir creciendo juntos.

DE LA DISCIPLINA A LOS HÁBITOS

No es lo que hacemos una vez lo que nos cambia, sino lo que hacemos habitualmente.

La transición de la disciplina a la formación de hábitos es fundamental en el viaje de todo emprendedor.

La disciplina nos ayuda a empezar a actuar; los hábitos son los caminos que seguimos para avanzar hacia el éxito personal y profesional.

5 TIPS PARA CREAR LOS HÁBITOS ADECUADOS

1. Analiza tus hábitos

Antes de empezar con nuevos hábitos, haz un análisis de los hábitos que tienes ahora. Identifica cuáles de estos contribuyen a tus objetivos y cuáles te alejan de ellos. Esto te dará una base clara desde donde comenzar a construir.

2. La regla de los 2 minutos

Para los hábitos que te resulten difíciles de empezar, aplica la regla de los dos minutos. Básicamente, empieza por algo que te lleve menos de dos minutos. ¿Quieres leer más? Lee una página. ¿Quieres meditar? Medita dos minutos tumbado en la cama antes de levantarte. ¿Deporte? Haz los *burpees* que puedas en dos minutos. Estos pequeños pasos disminuyen las dificultades al principio y, muchas veces, llevan a acciones más importantes.

3. Alinea tus hábitos con tu identidad

Haz un ejercicio. En vez de pensar qué hábitos necesitas para conseguir lo que quieres, piensa qué hábitos tiene la persona que quieres llegar a ser, es decir, cuál es su identidad: ¿cómo actúa?, ¿qué es lo que hace en su día a día? Profundiza en la idea de construir hábitos alineados con la identidad que deseas. Si, por ejemplo, quieres ser reconocido como un líder innovador, adopta comportamientos que reflejen la identidad de «innovador», como dedicar un tiempo diario a la investigación.

4. Practica hábitos para desconectar

Tan importantes como los hábitos productivos son los hábitos de descanso. Programa cada día momentos específicos para desconectar de tu trabajo y reconectar contigo mismo (por ejemplo, darte un baño, hacer ejercicio, o pasar tiempo con amigos). Estos momentos de recarga de energía son cruciales para valorar lo importante, no ser un amargado y mantener tu creatividad.

5. Trackea tus hábitos

Un emprendedor exitoso tiene que tener buenos hábitos, y para ello te recomendamos empezar con un control de hábitos o *habit tracker*. Es una buena forma de poner orden en tu cabeza, ver qué hábitos son los que más te cuestan e ir construyendo un sistema que te facilite alcanzar tus objetivos.

Haz un *tracker* como el que te mostramos a continuación e imprímelo doce veces, uno para cada mes del año. Pégalo en tu pared para ver el progreso real, celebrar tus logros y ajustar los hábitos según sea necesario. ¡Ojo! Empieza siendo realista, con cinco pequeños hábitos, y ve aumentando tanto los hábitos saludables como el número de días.

EL HABIT TRACKER TEMPLATE

HÁBITO	1	2	3	4	5	6	7	8	9	10	11	12	13
Hacer deporte	✓												
Aprender algo nuevo (leer, escuchar un pódcast)		✓											
Dar las gracias	✓												
Comer sano				✓									
Meditar	✓												
Dedicar 5 minutos al día a respirar													

14	15	16	17	18	19	20	21	22	23	24	25	25	27	28	29	30	31	TOTAL

No tires la toalla y sé constante

Crear hábitos no es solo llegar a un punto. Es un camino que siempre estás recorriendo, en el que vas ajustando y alineando lo que haces con lo que realmente valoras y quieres lograr. Pon en práctica estas ideas y consejos, y te será más fácil convertir tu esfuerzo en hábitos que te ayuden a crecer y a alcanzar tus metas tanto en lo personal como en lo profesional. Como dice en su libro el autor de *El monje que vendió su Ferrari*, Robin Sharma, para estar entre el 1 % de las personas más exitosas, debes hacer lo que el 99 % de las personas no están dispuestas a hacer.

TAKEAWAYS... ¡Y A POR EL SIGUIENTE NIVEL!

✔ **El éxito lleva tiempo.** Alcanzar el éxito puede parecer repentino, pero en realidad es el resultado de años de esfuerzo. No te desanimes si no ves resultados inmediatos.

✔ **La resiliencia te permite adaptarte y aprender de los fracasos,** mientras que **la constancia te mantiene enfocado en tus objetivos a largo plazo.** Ambas características son necesarias para que un negocio prospere y se sostenga con el tiempo.

✔ **El entorno importa.** Tu entorno puede potenciar o debilitar tu disciplina. Rodearte de personas y situaciones que respalden tus objetivos te ayudará a mantener el rumbo.

✔ Como el bambú, **construye una sólida red de raíces antes de crecer rápidamente,** es decir, trabaja por tener una base sólida antes de esperar el éxito.

✔ **La disciplina es el motor que te impulsa a actuar,** y desarrollar **buenos hábitos** es crucial para mantener ese impulso y avanzar hacia el éxito personal y profesional.

9.

APRENDE Y CONVIÉRTETE EN UN GRAN PROFESIONAL

Un gran profesional en lo suyo es un gran analfabeto en el resto de las áreas.

Si quieres que tu negocio prospere, necesitas evolucionar constantemente. La formación y el aprendizaje continuo son más que simples complementos: son necesidades fundamentales. La curiosidad, esas ganas de saber más y de probar cosas nuevas, es lo que te ayuda a seguir adelante y lo que realmente hace que los emprendedores destaquen y lleguen lejos.

La idea es simple...

Esto significa estar siempre listo para aprender algo nuevo y no tener miedo de hacer preguntas o probar cosas diferentes. La curiosidad es tu mejor herramienta, porque te lleva a explorar, a innovar y a mejorar día a día. Si dedicas treinta minutos cada día a aprender algo nuevo, antes de lo que te imaginas serás un experto en esa área.

¡Ah! Y no pongas ni una excusa. Nunca en la historia hemos tenido tanta información a nuestro alcance. Si no aprendes algo cada día es sencillamente porque no te da la gana.

¡Hora de ser un gran profesional! Y como nos gusta, hazlo en **5 pasos:**

PASO	ESTRATEGIA	CÓMO	UN EJEMPLO... AC2ALITY
1	**Define tu nicho**	Te dediques a lo que te dediques, tienes que intentar saber de lo tuyo tanto o más que el mejor. Los mercados van cambiando y tú tienes que ir ampliando tu conocimiento y flexibilidad con ellos. Especialízate en esa área concreta de tu mercado o industria que te apasiona y donde puedas aportar el mayor valor.	Nuestro nicho es «la actualidad para jóvenes». Aprendimos mucho sobre la industria de los medios (audiencias, canales, desafíos, estrategias, errores, tendencias, monetización...).
2	**Mantente al día de cuáles son las últimas tendencias**	Y no solo de las últimas tendencias, sino también de las tecnologías y los cambios en tu industria. Suscríbete a *newsletters* especializadas en tu ámbito, utiliza las redes sociales (*spoiler:* es donde está pasando todo: tendencias, memes, actualidad...), lee y, siempre que puedas, intercambia conocimientos con gente del sector.	Nos suscribimos a todas las *newsletters* de medios nacionales e internacionales para ver sus formatos; seguíamos a cientos de periodistas y comunicadores, *influencers,* medios, marcas que habían conseguido llegar a nuestro *target,* agencias, emprendedores...

PASO	ESTRATEGIA	CÓMO	UN EJEMPLO... AC2ALITY
3	**Aprende de la competencia**	Analiza lo que hacen tus competidores, pero en lugar de copiarlos, busca formas de diferenciarte. Esto implica entender tanto las estrategias generales del mercado (macro) e identificar huecos específicos que puedas llenar (micro). Encuentra un nicho dentro de tu mercado donde puedas ser el mejor. Esto te permitirá concentrarte en una área específica, profundizando tu conocimiento y ofreciendo un valor único.	Observamos, analizamos y monitorizamos a aquellos con mayor número de seguidores e interacciones; estudiamos las tendencias internacionales, los medios extranjeros, las diferentes formas de monetización....
4	**Habla con tus clientes**	La retroalimentación directa de tus clientes es invaluable. Realiza encuestas, entrevistas o grupos focales para entender sus necesidades, preferencias y «puntos de dolor». Esta información te permitirá ajustar tu oferta para servir mejor a tu mercado objetivo.	Practicamos siempre la escucha activa. Leemos las opiniones, preguntamos a nuestros seguidores, hacemos encuestas sobre el tipo de contenidos que les gustarían, probamos diferentes formatos e innovamos...
5	**Sigue aprendiendo, sigue nadando**	El coste de formarse constantemente puede que sea alto, pero el precio de la ignorancia es mucho más caro. Tienes toda la información que necesitas en internet. Realiza cursos, escucha pódcast, ve vídeos y tutoriales, y lee mucho. Aplica lo aprendido.	En nuestro caso, nos pasamos 24/7 en redes sociales y online para estar al día de todo lo que pasa tanto en el mundo como en nuestro sector. Aprovechamos todas las oportunidades que supongan aprender y asumimos riesgos.

ESTE ÚLTIMO PUNTO ES CLAVE. Dedicar tiempo a leer y educarte en tu propio desarrollo personal es absolutamente esencial si aspiras a ser un buen líder, el empleado del año, o simplemente una mejor versión de ti mismo. Tanto en el ámbito del emprendimiento como en la vida, nuestro gran objetivo debería ser exactamente ese:

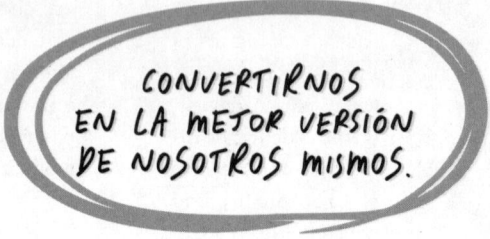

CONVERTIRNOS EN LA MEJOR VERSIÓN DE NOSOTROS MISMOS.

Y este proceso de mejora y crecimiento personal solo se consigue a través de una inversión consciente en nuestro propio desarrollo.

APROVECHA TODA OPORTUNIDAD PARA SEGUIR CRECIENDO INTELECTUALMENTE.

En el coche, en la bici, en el gimnasio..., ponte audiolibros, conferencias, charlas, pódcast y crea el hábito de formarte un poco más cada día.

Si eres nuevo en esto, aquí te dejamos diez libros básicos que deberías leer para adentrarte en este mundo tan increíble del desarrollo personal:

1. *Armas de titanes, de Tim Ferriss* (Deusto, 2017). Ofrece consejos y tácticas de alto rendimiento recopilados por Ferriss en conversaciones con más de doscientos líderes mundiales en diversas áreas, incluyendo deportistas, empresarios y artistas. Cada capítulo destaca diferentes estrategias para alcanzar el éxito.

2. *La ciencia de hacerse rico,* **de Wallace D. Wattles** (Obelisco, 2022). Publicado originariamente en 1910, este libro es uno de los pioneros en literatura de autoayuda y éxito financiero. Wattles discute cómo la creatividad y la mentalidad positiva pueden conducir a la riqueza, enfatizando la importancia de visualizar y actuar hacia el logro de objetivos financieros.

3. *Hábitos atómicos,* **de James Clear** (Diana, 2023). Se centra en cómo los pequeños cambios en nuestros hábitos pueden llevar a resultados extraordinarios a largo plazo. Clear proporciona técnicas prácticas y ejemplos reales para ayudar a desarrollar hábitos buenos y eliminar los malos.

4. *Cómo ganar amigos e influir en las personas,* **de Dale Carnegie** (Elipse, 2023). Desde su publicación en 1936, este libro sigue siendo una referencia esencial sobre cómo mejorar las habilidades sociales, aumentar la influencia y ganar amigos a través de los principios de comunicación efectiva y respeto mutuo.

5. *Padre rico, padre pobre,* **de Robert Kiyosaki** (Aguilar, 2024). A través de las historias de su padre biológico (el «padre pobre») y del padre de su mejor amigo (el «padre rico»), Kiyosaki explora las diferencias en mentalidad y estrategias financieras que pueden determinar el éxito o el fracaso económico.

6. *El monje que vendió su Ferrari,* **de Robin Sharma** (Grijalbo, 2010). Esta fábula sobre la realización personal cuenta la historia de un abogado exitoso pero insatisfecho que abandona su vida de lujo para buscar la sabiduría espiritual en las montañas de la India, donde aprenderá lecciones vitales sobre la felicidad y la paz interior.

7. *Hazte la cama, y otros pequeños hábitos que cambiarán tu vida y el mundo,* **de William H. McRaven** (Planeta, 2018). Basado en un discurso viral de graduación, el almirante McRaven comparte lecciones de vida aprendidas durante su entrenamiento como Navy SEAL y su carrera, comenzando con la simple tarea de hacer la cama cada mañana como un paso hacia el éxito y la disciplina.

8. *El alquimista,* **de Paulo Coelho** (Planeta, 2021). Este libro es una novela alegórica que sigue a un joven pastor andaluz llamado Santiago en su viaje para encontrar un tesoro escondido en las pirámides de Egipto. Es una obra muy recomendada en el ámbito del desarrollo personal y del crecimiento espiritual, que alienta a los lectores a perseguir sus pasiones y aprender de las experiencias de la vida.

9. *Despertando al gigante interior,* **de Tony Robbins** (Grijalbo Mondadori, 2007). Robbins, probablemente el *speaker* motivacional más conocido de Estados Unidos, ofrece estrategias para tomar el control de tu vida emocional, física y financiera. El libro se centra en cómo tomar decisiones inmediatas para transformar tus creencias y comportamientos, y alcanzar tus sueños.

10. *Mindfulness en la vida cotidiana: donde quiera que vayas, ahí estás,* de **Jon Kabat-Zinn** (Paidós, 2022). Trata sobre cómo la práctica del *mindfulness* puede ayudarnos a estar presentes en cada momento de nuestra vida. Kabat-Zinn explora cómo la atención plena puede ser aplicada para mejorar la calidad de vida y reducir el estrés.

Y otra cosa importante, no caigas en la trampa de pensar que estás perdiendo el tiempo cada vez que abres un libro, o de preocuparte por si no es el «correcto» o si «no te aportará nada». Te aseguramos que cada libro, sin excepción, tiene algo que enseñarte. Puede ser una nueva idea, un concepto que no conocías, una lección importante, o incluso una fuente de inspiración.

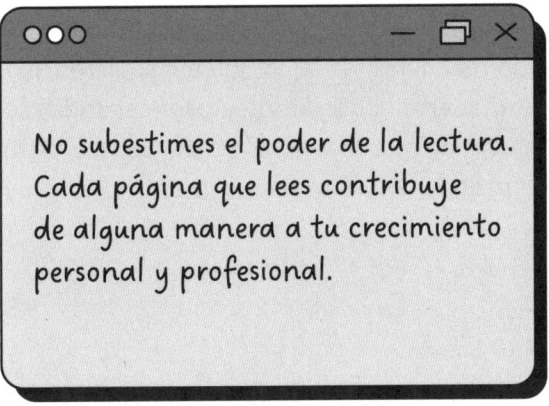

No subestimes el poder de la lectura. Cada página que lees contribuye de alguna manera a tu crecimiento personal y profesional.

Puede que viendo la lista de libros hayas pensado: «Bah, vaya *basic bitches*, este tipo de libros sobre cómo mejorar tu vida repiten lo mismo una y otra vez, como si fueran una receta mágica para todo: levántate temprano, medita, escribe tus metas, visualiza...». Por eso, muchos piensan que son una tontería.

Es fácil pensar que porque algo se dice mucho, ya no vale la pena. Pero la verdad es que, aunque algunos de estos consejos son muy populares, muy pocos realmente los ponen en práctica. Menos del 0,1 % de la gente hace cosas como levantarse media hora más temprano, meditar o leer.

ENTONCES,

¿no será que el problema no está en los consejos, sino en que casi nadie los sigue?

A partir de ahora, antes de descartar estos libros, pregúntate: «¿He intentado realmente hacer lo que me sugieren?». Porque la clave no está en leer muchos libros y conocer todos los consejos, sino en elegir los que más te aporten, los que te funcionen, y aplicarlos a tu vida y a tu proyecto. Eso es lo que va a marcar la diferencia.

DO IT YOURSELF, «HAZLO TÚ MISMO»

Sin duda, una de las cosas más importantes es que sepas hacer las tareas más básicas pero importantes de tu negocio: analizar un balance, entender una cuenta de resultados, revisar un plan de *marketing*, o incluso crearlo, comprender las estadísticas y su impacto en

160

la toma de decisiones... Todas estas son habilidades que deberías desarrollar. ¿Podrías contratar a personas para hacer estas tareas? Sí. Sin embargo, al empezar un negocio, es mucho más eficiente y rápido que puedas hacerlo tú mismo.

No recomendamos esa mentalidad de contratar a mucha gente, conseguir una oficina..., nada de eso.

Tu enfoque podría ser: «Voy a aprender y hacerlo por mí mismo». Por ejemplo, si la publicidad online es crucial para el crecimiento de tu negocio, debes aprender sobre ello. ¿Por qué? En un mundo digital donde compramos y vendemos anuncios online, las empresas con las que trabajas (Google, Meta, entre otras) están ajustando y cambiando sus algoritmos todo el rato. Básicamente, lo hacen para maximizar sus ganancias. Así, se convierte en una batalla interminable: ellos intentan ver cuánto dinero pueden obtener por cada anuncio que venden, mientras tú intentas ver cuántas ventas puedes obtener por cada anuncio que compras, buscando que sea rentable.

Vamos, que inevitablemente existe una lucha que está en constante cambio. Así, uno de tus desafíos es darte cuenta de que la mayoría de personas que dicen que pueden hacer, por ejemplo, la optimización para motores de búsqueda (SEO, por sus siglas en inglés) o la publicidad de tu empresa, probablemente no te consideran importante (especialmente si representas a una *startup*), por lo que no obtendrás el proceso de mejora continua que necesitas y mereces.

🔍 **Optimización para motores de búsqueda (SEO)**

Técnica que ayuda a que tu negocio aparezca el primero cuando alguien busca una palabra relacionada en internet. Si lo haces bien, muchas más personas encontrarán tu empresa online. Por ejemplo, si vendes libros en Madrid, quieres que tu negocio aparezca el primero cuando alguien busque «comprar libros en Madrid» en Google. Utilizar la SEO significa ajustar tu página web usando palabras clave y otros trucos.

Como emprendedor, como CEO de tu empresa, debes mantenerte al tanto. Debes conocer todo lo que sea clave para tu éxito.

TIENES QUE VIVIRLO, COMERLO, DORMIRLO, RESPIRARLO.

MIRA HACIA ATRÁS

Vamos a terminar este capítulo haciendo lo que se dice que no debemos de hacer en la vida: echar la vista atrás. Cuando te lanzas a emprender, no solo tienes que mirar lo que está pasando ahora, sino también entender cómo se han desarrollado las cosas. Hay mucha sabiduría en las historias de aquellos que han marcado un antes y un después en su campo. En nuestro caso, hemos aprendido mucho de personas que han cambiado el mundo de la comunicación.

Al principio, una importante referencia para nosotras fue theSkimm, un proyecto innovador creado por dos mujeres que transformaron el envío de noticias por correo electrónico en Estados Unidos, convirtiéndose rápidamente en un gran éxito. Esta inspiración no significaba que no tuviéramos ideas propias, sino todo lo contrario. Nos mostraba un camino posible y exitoso que podríamos adaptar a nuestra visión.

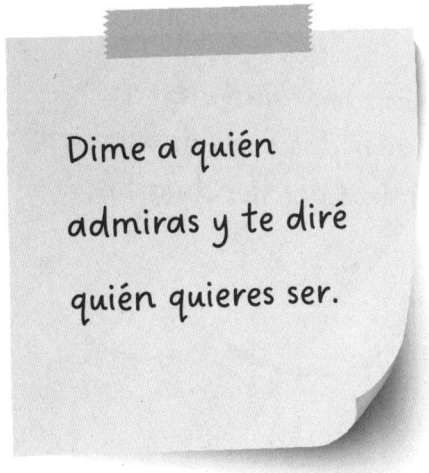

Dime a quién admiras y te diré quién quieres ser.

Tener a alguien a quien mirar, que nos inspire y nos muestre una dirección, es invaluable. Los emprendedores no salen de la nada. Se forman a partir de las historias, los éxitos y hasta los fracasos de aquellos que los precedieron.

Por eso, parte de embarcarse en una aventura emprendedora implica aprender de estos pioneros. Ellos no solo nos ofrecen lecciones sobre cómo hacer las cosas, sino que también encienden esa chispa de inspiración que necesitamos para seguir adelante.

En definitiva, **el conocimiento es poder,** especialmente en el mundo de los negocios. Cuanto más sepas sobre tu área de trabajo, mejor preparado estarás para tomar decisiones inteligentes y llevar tu emprendimiento hacia el éxito.

¿Sabes el significado de la palabra *sabio*? Se denomina *sabio* a una persona que sabe mucho de algo en particular porque de todos es sabido que es imposible saber todo de todo.

Céntrate en lo tuyo y recuerda lo que dice el proverbio chino:

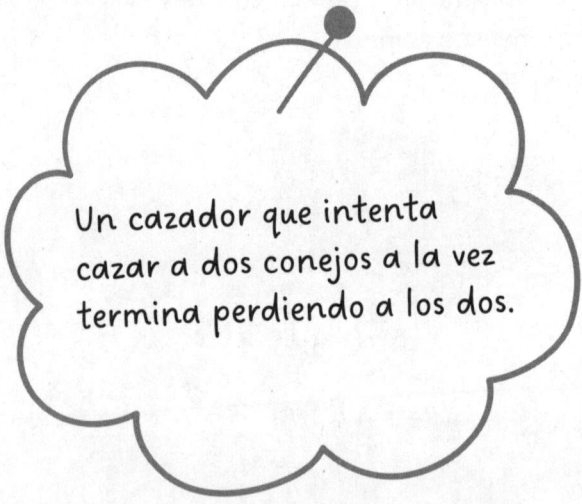

Un cazador que intenta cazar a dos conejos a la vez termina perdiendo a los dos.

TAKEAWAYS... ¡Y A POR EL SIGUIENTE NIVEL!

✓ **Es esencial especializarte en un área específica de tu mercado o industria** que te apasione y en la que puedas aportar el mayor valor. Te ayudará a destacar y ser competitivo a medida que los mercados evolucionen.

✓ **Observa y analiza lo que hacen tus competidores, pero busca formas de diferenciarte.** Encuentra huecos específicos en el mercado donde puedas ser el mejor y ofrece un valor único que te distinga de los demás.

✓ **Actualízate constantemente:** conoce las últimas tendencias, tecnologías y cambios en tu industria.

✓ **Aprende a hacer por ti mismo todas las tareas esenciales de tu negocio.** Nadie le pondrá tanto empeño como tú.

✓ **El aprendizaje continuo es vital para tu desarrollo tanto personal como profesional.** Invierte en tu educación a través de cursos, pódcast, vídeos y libros. Aplica lo aprendido y aprovecha cada oportunidad para crecer intelectualmente en todos los aspectos de tu vida.

10.

HAZ UN MARKETING DE LA HOSTIA

Tener un producto
o servicio de calidad
no es sufiente.

A estas alturas de tu vida, ya lo sabrás. Básicamente, en un mundo donde todos están luchando por destacar, tener un producto o servicio de calidad se convierte en la tarjeta de presentación básica, pero ni mucho menos es la llave maestra del éxito. Tu producto o servicio debe ir acompañado de una serie de claves y estrategias que te proporcionen la capacidad de conectar con tu audiencia o clientes.

Vamos a explorar cómo una buena estrategia de *marketing* puede transformar una gran idea en un éxito comercial. Hablaremos de la importancia de conocer bien a tus clientes, de cómo comunicar lo especial que es lo que ofreces y de cómo crear una marca que la gente recuerde.

¿Por qué el *marketing* es tan importante?

TE DA VISIBILIDAD. Por mucho que tengas un producto o servicio espectacular, si tus potenciales clientes no conocen su existencia, no te servirá de nada. Necesitas darle visibilidad y ganarte la atención de tus clientes. Pero, claro, la visibilidad no llega por sí sola; la construyes con cada movimiento estratégico que haces. Además, la visibilidad continua mantiene tu marca en la mente de los consumidores a lo largo del tiempo. Incluso si no compran de inmediato, es más probable que te recuerden cuando necesiten el producto o servicio que ofreces.

TE DIFERENCIA. La diferenciación es clave. Y aquí es donde el *marketing* se convierte en tu aliado estratégico para destacar de manera única. El *marketing* te permite comunicar de manera efectiva qué hace que tu negocio sea único; **te permite construir una marca con una personalidad distintiva.** Desde el tono de voz en tus mensajes hasta el diseño visual, cada elemento contribuye a la identidad única de tu marca. Esto no solo te hace memorable, sino que también atrae a aquellos que se sienten conectados con esa personalidad.

TE CONECTA CON TU CLIENTE. ¿Qué hace que la gente recuerde una marca? La **conexión emocional.** Hoy en día, ya no se trata solo de vender un producto, sino de construir una relación duradera.

> Vender no es convencer. Vender es ayudar. Vender es ponerte en el lugar de la persona o la empresa a la que intentas vender, comprender cuáles son sus necesidades y encontrar la manera de satisfacerlas, resolver ese problema, apoyar lo que sea que necesiten hacer.
>
> MARK CUBAN,
> INVERSOR Y DUEÑO DE LOS DALLAS MAVERICKS, DE LA NBA.

EL PODER DEL *MARKETING*

La historia de De Beers y su eslogan «Un diamante es para siempre» es un testimonio del poder del *marketing* para transformar no solo un producto sino también tradiciones culturales y normas sociales. Creó una demanda prácticamente de la nada, convirtiendo los diamantes en el símbolo definitivo del compromiso matrimonial y asegurando su lugar en las ceremonias de compromiso de todo mundo. ¡Increíble!

DE BEERS Y EL ANILLO DE DIAMANTES

Antes de la década de 1930, los diamantes no estaban asociados al compromiso matrimonial. De hecho, los anillos de compromiso podían estar hechos de una variedad de piedras preciosas, y muchos no incluían gemas en absoluto. La demanda de diamantes había disminuido significativamente durante la Gran Depresión, y el mercado de diamantes estaba saturado. De Beers, que controlaba una gran parte de la producción mundial de diamantes, necesitaba una estrategia para revitalizar su mercado.

En 1947, De Beers y su agencia de publicidad, N. W. Ayer, lanzaron una campaña de *marketing* que cambiaría la percepción pública de los diamantes para siempre. La campaña tenía un eslogan simple pero poderoso: «Un diamante es para siempre». Este eslogan no solo sugería la durabilidad y la eternidad inherentes a un diamante, sino que lo enlazaba directamente con la promesa de un amor eterno y un matrimonio indestructible.

La campaña fue un éxito rotundo. A través de anuncios cuidadosamente diseñados y del uso de anillos de diamantes en las películas de Hollywood, De Beers logró infundir en la conciencia cultural la idea de que un anillo de compromiso debía tener un diamante, que era una parte esencial del ritual del compromiso amoroso. La estrategia fue tan efectiva que, en pocas décadas, la compra de un anillo de diamantes se convirtió en una norma social en Estados Unidos y luego se expandió a otras partes del mundo.

De Beers no solo aumentó la demanda de diamantes, sino que logró controlar el mercado de manera que pudo influir en los precios. La idea de que los diamantes son raros y extraordinariamente valiosos fue, en gran medida, una percepción creada y mantenida a través de estrategias de *marketing* y control de la producción.

¿CUÁL ES TU ESTRATEGIA DE *MARKETING* IDEAL?

Saber qué estrategia de *marketing* adoptar en tu nueva empresa implica un proceso cuidadoso de investigación, planificación y evaluación.

IMAGINA QUE VENDES ZAPATILLAS DEPORTIVAS DE ALTA CALIDAD...

Paso 1.

Define bien el *target*

Ya sabes quiénes son tus clientes potenciales, así que ahora, divide tu mercado en segmentos basados en criterios como edad, género, ingresos, ubicación o intereses. Esto te permite personalizar tus mensajes y ofertas.

> EJEMPLO: tu mercado objetivo podría dividirse en segmentos como jóvenes atletas de dieciocho a veinticinco años interesados en el *fitness* y el rendimiento deportivo, y adultos de veintiséis a cuarenta años que buscan comodidad y estilo para su uso diario. Podrás ajustar tus mensajes para resaltar la tecnología de rendimiento para el primer grupo y la combinación de comodidad y elegancia para el segundo.

Paso 2.

Mira al de al lado

Compara tus productos, precios, calidad y estrategias de *marketing* con los de tus competidores para identificar áreas de mejora y ventajas competitivas. Es lo que se conoce como **benchmarking o evaluación comparativa.**

> EJEMPLO: tu principal competidora es una marca establecida con una fuerte presencia en el mercado de zapatillas para correr. Realizas una *benchmarking* y descubres que, aunque sus precios son competitivos, muchas reseñas online mencionan la falta de variedad en el diseño. Esto representa una oportunidad para que tus zapatillas, que presentan una amplia gama de colores y estilos, se posicionen como una opción más personalizable y atractiva.

Paso 3.

Crea mensajes clave

Elabora una **propuesta de valor:** define claramente qué hace único a tu producto o servicio y por qué los clientes deberían elegirte a ti y no la competencia. ¿Cuál es la historia de tu marca? ¿Cómo mejorará tu producto o servicio sus vidas? Un mensaje claro y atractivo es la clave para capturar su interés.

> EJEMPLO: tu propuesta de valor podría centrarse en cómo las zapatillas no solo mejoran el rendimiento deportivo gracias a una innovadora tecnología de amortiguación, sino que también ofrecen diseños únicos que permiten a los consumidores expresar su estilo personal. Un mensaje clave sería: «Eleva tu juego y muestra tu estilo único con cada paso».

Paso 4.

¿Dónde lanzarás tus mensajes?

Planifica un **mix de *marketing*:** determina la combinación adecuada de canales (digitales y tradicionales) basándote en dónde se encuentra tu público objetivo. Considera redes sociales, correo electrónico, SEO, *marketing* de contenido, publicidad pagada, eventos y relaciones públicas.

Prueba y adáptate: experimenta con diferentes canales y tácticas para ver cuáles funcionan mejor. Luego, ajusta tu estrategia según los resultados.

> EJEMPLO: dada la naturaleza de tu producto y tu público objetivo, decides centrarte en redes sociales, sobre todo Instagram y TikTok para llegar a los jóvenes atletas, y en plataformas como Pinterest y LinkedIn para los adultos. Experimentas con anuncios pagados en Instagram, destacando reseñas de usuarios y tutoriales de *fitness,* mientras que en LinkedIn te enfocas en *posts* sobre la importancia de un calzado adecuado para el bienestar diario.

Paso 5.

¿Qué presu tienes?

Crea un **calendario** que planifique todas tus actividades y campañas de *marketing* a lo largo del año. Asegúrate también de que todas tus campañas sean coherentes en términos de mensaje, diseño y experiencia del cliente a través de todos los canales.

Establece tu presupuesto. El *marketing* requiere recursos: tiempo, dinero o ambos. ¿Cuánto estás dispuesto a invertir? Saber cuál es tu presupuesto te ayudará a decidir qué estrategias son factibles y cómo puedes maximizar tu retorno sobre la inversión.

> *EJEMPLO:* desarrollas un calendario de *marketing* que incluye el lanzamiento de una nueva línea de zapatillas al inicio de la temporada deportiva, seguido de campañas de *influencer marketing* en redes sociales. Decides asignar el 40 % de tu presupuesto al *marketing* digital, y distribuyes el resto entre eventos deportivos locales y colaboraciones con gimnasios, para maximizar el alcance y la resonancia de tu marca.

Paso 6.

Mide y ajusta

Una vez que hayas lanzado tu estrategia, observa cómo responde tu audiencia. Establece **indicadores clave de rendimiento** (KPI, por sus siglas en inglés) para medir el éxito de tus campañas. **Analiza los datos recogidos** para identificar qué estrategias y tácticas son más efectivas y **ajusta tu enfoque** en función de estos resultados para poder mejorar todo el rato.

> *EJEMPLO:* tu negocio hipotético de venta de zapatillas ha lanzado una campaña de *marketing* digital con el objetivo de aumentar las ventas en línea. Algunos KPI relevantes para medir el éxito de esta campaña serían los siguientes:

KPI	DESCRIPCIÓN
Tasa de conversión (*conversion rate*)	Mide el porcentaje de destinatarios que realizan la acción deseada (realizar una compra, suscribirse a un servicio, llenar un formulario...) dividido entre el número total de personas alcanzadas.
Costo por adquisición (CPA)	Indica cuánto cuesta convertir a un espectador en cliente. Se calcula dividiendo el coste total de la campaña entre el número de «conversiones».
Valor del tiempo de vida del cliente (CLTV)	Estima el valor total que un negocio puede esperar obtener de un cliente durante toda su relación. Ayuda a las empresas a decidir cuánto deben invertir en adquirir nuevos clientes y en retener a los existentes.
Retorno sobre la inversión en *marketing* **(ROMI)**	Mide la efectividad de las campañas calculando el retorno generado por cada euro gastado. Se expresa como un porcentaje y es crucial para determinar la eficacia financiera de las estrategias de *marketing*.
Tasa de clics (CTR)	Porcentaje de clics que tus anuncios o correos electrónicos reciben en relación con el número de impresiones o entregas (*aka* gente que lo ve).
Tasa de abandono de carrito (*bounce rate*)	En el contexto del comercio electrónico, este KPI mide el porcentaje de usuarios que agregan productos al carrito pero no completan la compra. Es útil para identificar problemas en el proceso de venta.
Engagement en redes sociales	Incluye métricas como *likes*, comentarios, mensajes compartidos y el alcance de las publicaciones. Es específico de campañas que utilizan plataformas de redes sociales para evaluar la interacción y el compromiso del público.
Tasa de retención de clientes (*customer retention rate*)	Mide la capacidad de una empresa para mantener a sus clientes a lo largo del tiempo. Es especialmente importante para evaluar la lealtad del cliente y la efectividad de las campañas de retención.

Recuerda, no existe una «talla única» en *marketing*. Lo que funciona para un negocio puede no funcionar para otro.

Aquí te dejamos cuatro casos de estudio muy diferentes que pueden inspirarte:

1. Hawkers, la marca que lo apostó todo al *marketing* digital

Hawkers consiguió visibilidad, diferenciarse y conectar con el cliente apostando TODO al *marketing* digital. Con estrategias centradas en redes sociales y colaboraciones con *influencers,* la empresa conquistó el mercado *eyewear.* Forjó su triunfo a través de movimientos estratégicos en el *marketing* digital, como asegurar un lugar en las pantallas de la NBA. Su colaboración con equipos y jugadores permitió que sus gafas brillaran literalmente en el escenario internacional de la liga de baloncesto. Esta visibilidad masiva catapultó a la marca, afianzando su posición como líder en el mercado. Además, con este enfoque único no solo vendía gafas, sino que también un estilo de vida.

2. Dropbox, la marca que lo petó gracias al boca a boca

Dropbox alcanzó un gran éxito gracias a su creativo programa de referidos, que incentivaba a los usuarios a invitar a sus amigos y familiares ofreciendo espacio de almacenamiento adicional gratuito tanto para el usuario que hacía la invitación como para el nuevo incorporado. Este método no solo animó a la gente a compartir Dropbox, sino que también hizo que más personas quisieran usarlo.

Este plan creó un círculo positivo: a más usuarios, más personas compartiendo el servicio, y así seguía atrayendo a más gente. Además, la facilidad de uso y la utilidad de Dropbox ayudaron mucho. Era fácil de usar y solucionaba problemas comunes, como acceder y sincronizar archivos desde cualquier lugar. Esto hizo que los usuarios no solo estuvieran contentos con el servicio, sino que también hablaran de él a otros con naturalidad.

Dropbox usó una estrategia de *marketing* «boca a boca» muy efectiva. No solo se basaba en que los usuarios recomendaran Dropbox, sino que ayudaba a que más gente viera el servicio como algo esencial para su vida digital.

3. B3tter, la marca que lo petó gracias a su comunidad

Las nuevas generaciones están creando métodos innovadores para establecer y desarrollar sus empresas. Y es que las marcas ya no solo quieren conseguir vender su producto. Lo que buscan es crear una comunidad fuerte, una gran oleada de usuarios y clientes que se sienten identificados no solo con el producto, sino con todo aquello que una marca representa.

Así, las *startups* se centran en crear un mensaje potente que englobe todo aquello que su público objetivo espera de ellas. Adrià y Alex, los creadores de la empresa, tenían claro que las marcas saludables no conectaban con la gente y que, en cambio, las ultraprocesadas sí. Fue entonces cuando pusieron el foco en el producto, la calidad y la comunidad. Hablando con ellos, nos dijeron que lo principal ha sido tratar a B3tter como una extensión de ellos mismos: con personalidad propia, una estética definida y una manera única de comunicarse.

«Si entras en el Instagram de B3tter, verás que destacamos más las recetas saludables y los posts informativos que el producto en sí. No nos centramos en vender, sino en informar y entretener, lo que naturalmente atrae a las personas a querer probar y comprar B3tter. Nuestro pódcast ha jugado un papel crucial, permitiendo a la audiencia conocer a las personas que hay detrás de B3tter. A diferencia de otras marcas de ultraprocesados, nuestros consumidores saben exactamente a quién están comprando. La transparencia sobre nuestros valores y motivaciones fomenta un fuerte sentido de comunidad, incluso entre nuestros empleados, quienes también son visibles en TikTok, Instagram, y YouTube. Esto crea una sensación de estar comprando a un amigo».

4. Ac2ality, la marca que no invirtió ni un euro en *marketing*

En nuestro caso, conseguimos visibilidad, diferenciarnos y conectar de manera completamente orgánica con nuestro cliente, gracias a nuestros contenidos. En muy poco tiempo, TikTok nos ayudó a posicionarnos como el medio en español más seguido del mundo en esta red social, y la segunda cuenta de información más seguida de Europa.

El potencial de viralidad de TikTok nos brindó una visibilidad que antes parecía impensable, llegando a millones de personas en cuestión de horas. Esta plataforma resultó ideal para nuestro formato de noticias —que se define por su frescura—, situándonos como algo completamente innovador y diferenciándonos del resto de medios.

Además, las redes sociales nos permitieron establecer conexiones más personales con nuestros seguidores.

LAS NUEVAS REGLAS DEL JUEGO

Antes, hacer publicidad era caro y complicado; pero ahora, con solo un clic, puedes compartir tu idea con miles de personas. Estas son las estrategias modernas que más se usan para que la gente te conozca y se interese por lo que ofreces.

Marketing **de** *influencers*

Trabaja con *influencers* que realmente crean en tu producto y cuya audiencia coincida con las personas a las que quieres llegar. Un ejemplo es Glossier, que colabora con *influencers* grandes y pequeños para mostrar sus productos de forma genuina.

Contenido atractivo y auténtico

Las personas prefieren marcas que se sientan reales. Comparte historias y contenidos que muestren tus valores y lo que te importa, como lo hace Patagonia con temas de sostenibilidad y aventuras al aire libre.

Campañas de colaboración

Une fuerzas con otras marcas o personajes que complementen tu audiencia para crear productos únicos. Un ejemplo es la colaboración entre LEGO y Harry Potter, que crearon sets de construcción que encantaron a los fans de ambos mundos.

Estrategia de *drops*

Lanza productos en edición limitada para mantener a la gente expectante y deseosa de lo que vendrá. Adidas hace esto con los zapatos Yeezy, lanzando nuevos modelos como en eventos especiales que generan mucha expectación y anticipación.

Al final, las mejores marcas saben cómo hablar a sus clientes de forma genuina. **No se trata solo de vender, sino de conectar y compartir experiencias y valores.**

✓ **Aunque tengas un buen producto, necesitas que la gente sepa que existe.** El *marketing* te ayuda a hacer visible tu producto y a diferenciarte de los demás, construyendo una identidad única para tu marca.

✓ No se trata solo de convencer a alguien para que compre algo. **Es importante entender y satisfacer las necesidades de los clientes.** Ponte en su lugar y piensa cómo puedes resolver sus problemas o mejorar su vida con lo que ofreces.

✓ **Las marcas memorables son aquellas que consiguen una conexión emocional con sus clientes.** Construir relaciones duraderas es esencial en la era actual del *marketing,* en la que la venta es el resultado de una conexión genuina con el cliente.

✓ Cada negocio es diferente, así que **es crucial elegir y adaptar estrategias de *marketing* que funcionen específicamente para tu audiencia y producto.** Esto incluye saber dónde y cómo lanzar tus mensajes para maximizar el impacto.

EPÍLOGO

LA SUERTE: ¿UNA DE LAS CLAVES DEL ÉXITO?

Cuando alguien empieza un negocio y le va bien, muchas veces la gente dice que tuvo «mucha suerte». Y si le va mal, seguramente el propio emprendedor diga que es que tuvo «muy mala suerte».

Séneca, un filósofo estoico romano de hace mucho tiempo, decía algo así como que **la suerte pasa cuando estás listo para agarrar las oportunidades.** Imagina que la suerte no es algo que simplemente te cae del cielo. En realidad, es como cuando tienes todo preparado y, justo en ese momento, aparece una oportunidad y puedes aprovecharla porque estabas listo.

Es como un partido de fútbol. Si un jugador practica todos los días, cuando llegue el momento del partido, sabrá exactamente qué hacer con el balón. Pero si no practica, aunque tenga la suerte de que el balón llegue a sus pies, probablemente no hará un buen tiro. Es decir, la «suerte» es poder hacer un buen tiro, pero solo porque el jugador se preparó antes.

Lo mismo pasa cuando quieres tener éxito en tu propio negocio o en cualquier cosa que te propongas. Prepararte y seguir aprendiendo es como entrenar para ese partido.

Cuanto más aprendas
y te prepares,
más «suerte» vas a tener.

Porque cuando aparezca una oportunidad buena para tu negocio, vas a saber exactamente qué hacer, porque estuviste practicando y aprendiendo todo lo necesario antes.

Por eso es tan importante formarse y aprender continuamente. No es solo para saber más, sino para estar listo y poder agarrar las oportunidades que te lleven al éxito. Así, la próxima vez que veas a alguien tener éxito y pienses que tuvo suerte, recuerda que probablemente esa «suerte» vino de mucho trabajo y preparación.

Un ejemplo práctico y real de cómo **la preparación se encuentra con la oportunidad,** y de cómo esto se traduce en «suerte», es la historia de Howard Schultz, el hombre detrás de Starbucks. Schultz no empezó su carrera en Starbucks; de hecho, trabajaba en una empresa de equipos de cocina cuando se encontró con Starbucks, que en ese momento era solo una tienda en Seattle que vendía granos de café.

Schultz, al visitar Italia, quedó profundamente impresionado por la cultura del café, especialmente por las cafeterías que no solo servían como lugares para tomar café, sino como espacios de encuentro y socialización. Vio cómo estos establecimientos tenían un rol crucial en la vida cotidiana de los italianos, siendo puntos de encuentro para amigos, familias y trabajadores. Lo que vio iba más allá de un simple intercambio comercial; era una experiencia cultural enriquecedora que quiso llevar a Estados Unidos.

Con esta visión, Schultz no solo quería vender café de alta calidad; aspiraba a recrear esa experiencia italiana en Estados Unidos, transformando la percepción del cliente. Aunque al principio sus ideas no fueron bien recibidas, no se rindió. Creó su propia cadena de cafeterías, Il Giornale, que reflejaban su visión. Al final, tuvo la oportunidad de adquirir Starbucks y fusionar ambas empresas, implementando su idea de convertir la compra de café en una experiencia cultural y social.

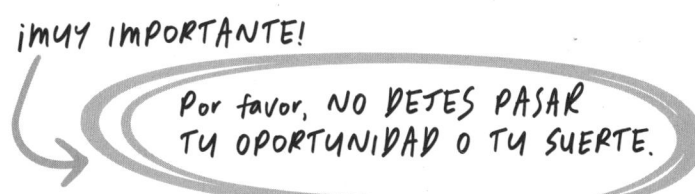

¡muy IMPORTANTE!

Por favor, NO DEJES PASAR TU OPORTUNIDAD O TU SUERTE.

Y es que te prometemos que hay gente que no ve la oportunidad ni aunque esté delante de sus narices.

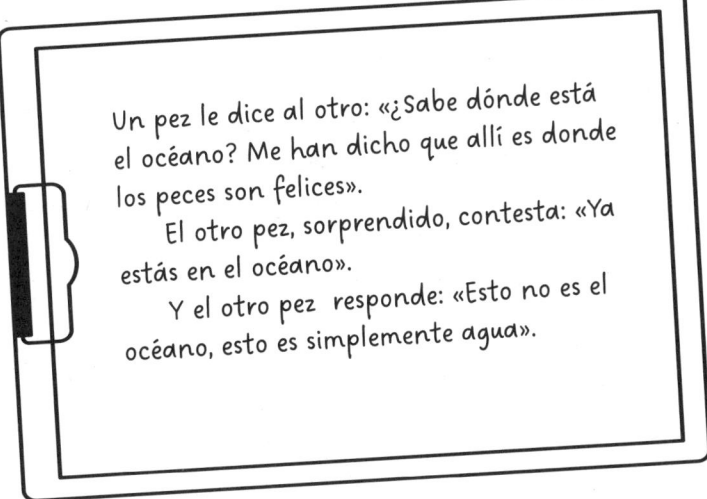

Un pez le dice al otro: «¿Sabe dónde está el océano? Me han dicho que allí es donde los peces son felices».

El otro pez, sorprendido, contesta: «Ya estás en el océano».

Y el otro pez responde: «Esto no es el océano, esto es simplemente agua».

NUNCA ES TARDE

Spoiler: **la edad es solo un número, no la fecha de caducidad de tus sueños.** Así que deja de usarla como excusa para no lanzar tu idea al mundo. Y como ya sabes que una idea de mierda puede ser oro puro... ¡te has quedado sin excusas!

Mira los siguientes ejemplos. La edad entre paréntesis indica cuándo tuvieron esa genial idea que marcó un antes y un después en su sector.

Tory Burch (37 años): Tory Burch LLC

Inició su línea de moda en 2004 y se convirtió en un nombre reconocido en la moda estadounidense.

Motivada por su amor al estilo y el deseo de crear ropa accesible y elegante, alcanzó el éxito a través de una combinación de diseños chics y una estrategia de *marketing* astuta, especialmente en medios digitales.

Evan Williams (33 años): Twitter

Cofundador de Twitter, lanzó la plataforma en 2006.

Después de haber participado en el éxito de Blogger, buscaba crear otra plataforma de comunicación influyente.

Nick Woodman (32 años): GoPro

Fundó GoPro en 2002 tras un viaje en el que practicó surf y quería capturar fotos de acción.

La pasión por los deportes extremos y la fotografía lo motivaron a crear cámaras versátiles y resistentes.

GoPro triunfó gracias a la creciente cultura de compartir aventuras y experiencias en redes sociales.

Reid Hoffman (35 años): LinkedIn

LinkedIn comenzó en 2003, con la visión de Hoffman de crear una red profesional online.

Fue pionero en el concepto de redes profesionales digitales, aprovechando su experiencia previa en PayPal y como inversor de Silicon Valley.

El éxito de LinkedIn se basa en satisfacer la necesidad de una plataforma dedicada a las conexiones y oportunidades profesionales.

Vera Wang (40 años): Vera Wang

Lanzó su propia marca en 1990, después de una carrera en el patinaje artístico y como editora de moda.

Inspirada por su búsqueda de un vestido de novia, decidió diseñar su propia línea de alta costura nupcial.

Su éxito se debe a su capacidad para combinar modernidad y tradición, creando diseños que se han convertido en sinónimo de lujo.

Sam Walton (44 años): Walmart

Abrió el primer Walmart en 1962, con una visión para mejorar la venta al por menor a través de precios bajos y grandes volúmenes.

Aprovechó su experiencia en el manejo de franquicias de Ben Franklin para revolucionar el comercio minorista.

Walton transformó Walmart en un gigante del *retail* a través de estrategias de precios competitivos, una gran selección de productos y una logística eficiente.

Susan Wojcicki (50 años): CEO en YouTube

Se convirtió en CEO de YouTube en 2014, después de haber sido involucrada en Google desde sus inicios.

Su visión para YouTube se centró en la expansión del contenido y en mejorar la monetización para los creadores.

Jack Ma (35 años): Alibaba

Fundó Alibaba en 1999 para conectar a fabricantes chinos con compradores internacionales.

Su falta de conocimiento técnico no le impidió perseguir la visión de un mercado online masivo.

Alibaba se convirtió en uno de los sitios de *e-commerce* más grandes del mundo.

Brian Chesky (27 años): Airbnb

Cofundó Airbnb en 2008, después de no poder pagar el alquiler, ofreciendo espacio de alojamiento en su apartamento.

Buscaba una forma innovadora de alojamiento de bajo costo para viajeros.

Airbnb revolucionó el concepto de compartir casa, convirtiéndose en una plataforma global que ofrece experiencias de viaje únicas.

Arianna Huffington (54 años): *The Huffington Post*

Fundó *The Huffington Post* en 2005, con el objetivo de crear una plataforma de noticias y blogs alternativa.

Aprovechó su experiencia como comentarista política y autora para crear contenidos que interesaran a un público amplio.

Su éxito se basó en una combinación de contenidos actuales, colaboraciones con numerosos *bloggers* y adaptación al cambiante entorno digital.

EL CONSEJO MÁS IMPORTANTE

El éxito no significa tener un montón de dinero en el banco, ni ser reconocido, ni que la gente te lama el culo. Es alcanzar las metas que te has propuesto, ya sea crear un producto increíble, ayudar a la gente o incluso aprender algo nuevo. Es disfrutar de tu ocupación y vivir de lo que te hace realmente feliz. De hecho, ¿cuántas personas famosas o consideradas exitosas terminan deseando volver a aquellos días en que solo soñaban con alcanzar lo que ahora tienen?

Al final, lo que verdaderamente importa (NO) es solo llegar a la cima, sino DISFRUTAR DE CADA PASO que damos hacia ella.

La verdadera meta no es un destino fijo, porque una vez que llegamos a lo que considerábamos nuestro objetivo, nuestros sueños y aspiraciones crecen y se transforman, revelando nuevos horizontes que antes no podíamos ver.

Entender esto nos lleva a una verdad fundamental: lo más importante es disfrutar cada día, cada desafío, cada pequeño éxito y cada lección aprendida por el camino. Porque, al final, lo que nos llevamos es el viaje en sí, las experiencias vividas y las personas que hemos encontrado en el camino.

No permitas nunca que la búsqueda incansable de un objetivo te robe la alegría de vivir el presente. Celebra tus victorias, aprende de tus fracasos y recuerda siempre buscar momentos de felicidad y satisfacción en el día a día. Los recuerdos más valiosos, las lecciones más profundas y las conexiones más significativas suelen surgir en los momentos más inesperados.

SERÁS FELIZ Y ALCANZARÁS EL ÉXITO CUANDO DEJES DE CONFUNDIR LO URGENTE CON LO IMPORTANTE.

Prioriza las cosas importantes de verdad, las que son verdaderamente significativas, sobre aquellas que simplemente parecen urgentes, pero quizá no sean esenciales a largo plazo. Este principio se ha vuelto fundamental en muchas estrategias de gestión y desarrollo personal. Cuando algo te preocupe, ya sea en lo personal o en lo profesional, pregúntate: «¿Me va a importar esto de aquí a cinco años?».

Spoiler: casi el el cien por cien de las veces, la respuesta es un no.

Así que, mientras te esfuerzas por alcanzar tus sueños, asegúrate de parar, levantar la vista y apreciar el paisaje, disfrutar de la compañía de quienes caminan a tu lado y encontrar alegría en cada paso que das. Porque el éxito más grande es vivir una vida plena de pasión, propósito y felicidad, disfrutando cada momento del viaje hacia tus sueños.

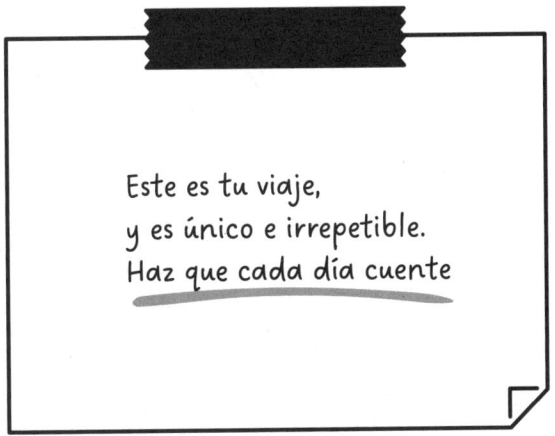

Este es tu viaje,
y es único e irrepetible.
Haz que cada día cuente